컴피티션 시프트

RETHINKING COMPETITIVE ADVANTAGE

Copyright © 2021 by Ram Charan
All rights reserved.
Korean translation copyright © 2021 by VISION B&P CO., LTD(VISION COREA)
This translation published by arrangement with Currency, an imprint of
Random House, a division of Penguin Random House LLC
through EYA(Eric Yang Agency)

이 책의 한국어판 저작권은 EYA(Eric Yang Agency)를 통해 Random House와 독점 계약한 ㈜비전B&P에 있습니다.
저작권법에 의하여 한국 내에서 보호를 받는 저작물이므로 무단전재 및 복제를 금합니다.

Rethinking Competitive Advantage

컴피티션 시프트

룰의 대전환이 온다

COMPETITION SHIFT

램 차란 · 게리 윌리건 지음 | 이은경 옮김

비전코리아

가족들의 마음과 영혼에 이 책을 바칩니다.
지난 50년간 한 지붕 아래 살고 있는
열두 남매의 형제자매와 사촌들 덕분에
무사히 정식 교육을 받을 수 있었습니다.

서문 – 디지털 시대의 새로운 규칙

전 세계 디지털 기업과 전통 기업의 최고 리더들과 함께 작업하는 동안 계속 같은 질문을 받았다. 아마존, 페이스북, 구글, 알리바바 등 수십 개의 거대 디지털 기업들이 어떻게 그토록 빠르게 성장할 수 있었을까? 그들이 계속 세상(시장)을 지배할 것인가? 다른 기업들은 그들과 경쟁할 기회를 가질 수 있을까?

디지털 대기업들은 소비자와 조직의 일원으로써 우리의 경험을 영원히 바꾸어놓았다. 이제 소비자들은 물론 다른 업체로부터 제품을 구입하는 업체들까지 저렴한 가격, 편의성, 관련 정보에 대한 즉각적인 접근을 기대한다. 그리고 이러한 모든 일들이 디지털 기술, 특히 알고리즘에 의해 이루어진다.

데이터가 처리되는 수학적 규칙인 알고리즘은 수백 년 동안 존

재해왔다. 컴퓨터를 통해 아주 빠르고 저렴한 비용으로 알고리즘을 처리할 수 있게 되자 아마존의 제프 베이조스, 페이스북의 마크 저커버그, 구글의 래리 페이지와 세르게이 브린 같은 사람들은 광범위한 문제를 해결하기 위해 알고리즘을 활용할 수 있는 기회를 재빨리 잡았다. 이들은 경영상의 통념에 얽매이지 않고 자신들의 상상력이 치솟는 대로 행동했다. 처음 베이조스가 독자들에게 방대한 양의 책을 저가로 제공하고자 했던 것처럼, 그들이 해결해야 할 과제라고 생각했던 문제들 중 일부는 사소한 것에서 시작되었다. 물론 그의 야망은 거기서부터 확장되었지만. 그러나 '세계의 정보를 체계화'하려는 구글의 목표처럼 원대한 과제도 있었다.

이처럼 뛰어난 리더와 조직의 영향력은 명확하지만, 성공의 이유와 방법은 명확하지 않다. 그래서 나는 디지털 거대 기업들이 경쟁 질서를 왜, 그리고 어떻게 근본적으로 뒤엎었는지를 정확히 알아보기 위해 연구를 시작했다.

지난 5년간의 연구에서 한 가지 분명한 사실이 밝혀졌다. 디지털 시대에는 경쟁우위를 창출하는 방법이 달라졌다는 것이다. 이전까지는 유통 채널을 통제하거나, 가장 큰 규모의 하드웨어 자산을 보유하거나, 브랜드 또는 특허를 설립한 기업이 가장 큰 경쟁우위를 차지했다. 하지만 오늘날 그러한 장점들은 더 이상 다른 회사들보다 더 강한 경쟁력을 보장하지 않는다.

디지털 시대의 경쟁우위는 꾸준한 혁신을 통해 소비자의 마음을 읽고 궁극적인 목표(계속 소비자의 선택을 받는 것)에 도달하는 능력과, 동시에 주주들에게 막대한 가치를 창출해주는 능력을 말한다.

경쟁우위는 기업이 가진 것 못지않게 기업이 하는 일에서 비롯된다. 예를 들어 소비자 경험을 인식하고, 리더를 선발하고, 업무를 조직하며, 돈을 버는 방법뿐 아니라 생태계 구축과 데이터 접근 및 자금 조달 같은 것들이다. 일단 경쟁우위의 원천을 가지면 전통적인 기업들은 도저히 따라잡을 수 없다. 왜냐하면 경쟁우위의 근원에는 기하급수적인 성장과 행동 지향적인 문화가 깊이 뿌리박혀 있고, 데이터가 많을수록 소비자를 파악하는 통찰력이 향상되며, 규모가 커질수록 현금도 증가하기 때문이다. 그렇게 해서 더 나은 예측을 하면 적은 비용으로 고객 만족도를 높일 수 있고, 이것은 다시 수익과 현금 매출총이익을 늘려 소비자에게 더 나은 혁신과 서비스를 제공하는 식으로 체계화된다.

이 책의 주요 목적은 2가지다. 우선 디지털 거대 기업의 엄청난 경쟁우위의 근원이 무엇인지 알아보고, 다른 기업들이 경쟁력을 구축하는 방법을 찾을 수 있도록 돕는 것이다. 디지털 기업을 관찰한 결과 경쟁우위를 창출하기 위한 새로운 규칙을 확인했다. 이 새로운 규칙은 디지털 대기업이든 전통 기업이든 디지털 시대에 번영하기 위해서는 무엇을 해야 하는지를 보여준다.

이 책은 디지털화하고 있는 전통 기업들의 리더들이 기술에만 집중할 때 종종 놓치기 쉬운 부분들을 채워줄 것이다. 예를 들어 디지털 능력을 구축하면서 업무 진행 방식을 더욱 대담하게 재설계할 수 있다(7장에서 피델리티 PI 사례를 참조).

이 책은 아직 변화의 조짐을 보이지 않는 전통 기업들에게 행동하라고 요구한다. 디지털 기업이 경쟁우위를 어떻게 획득하는지를 보면 기존의 장점이 얼마나 빨리 잠식될 수 있는지, 기존의 사고방식과 도구들이 얼마나 부적절한지를 알 수 있다. 디지털 기업들과 디지털화되지 못한 기업들의 격차는 코로나19 사태로 인해 더욱 커졌다. 코로나 시기에 디지털 기업들은 소비자의 행동, 공급망, 일하는 환경의 급격한 변화에 더 빠르게 적응했고, 그것을 통해 더 많은 수익을 창출했다.

코로나 팬데믹이 한창이던 2020년 4월 넷플릭스 CEO 리드 헤이스팅스는 홈페이지에 주주들에게 쓴 편지를 게재했다. "넷플릭스의 기업문화는 모든 단계의 의사 결정에 힘을 실어주는 방향으로 고안되었습니다"라고 투자자들에게 다시 한 번 상기시켰다. 그는 로스앤젤레스에서 자택 대기 명령이 발효된 지 2주 만에 회사의 애니메이션 제작팀 대부분이 재정비되어 집에서 업무를 하고 있다고 말했다. 그들은 200개 이상의 프로젝트를 원격으로 진행할 수 있었고, 시리즈 작가들의 사무실 대부분이 가동되고 있었다.

코로나 바이러스가 가져온 충격은 대단했다. 그러나 평범한 시기라 해도 긴급을 요하는 문제는 있다. 예를 들어 '오늘날의 디지털 거대 기업에 맞서 다른 기업들이 기회를 잡을 수 있겠는가' 하는 문제다. 분명히 '잡을 수 있다.' 전통적인 기업들은 디지털화 초기 단계에 있다. 경쟁우위를 더 빨리 획득하는 기업들이 다른 기업을 앞서 나가고, 본 디지털Born Digital 기업(처음부터 디지털을 통해 사업을 해나간 기업-옮긴이)들에게 도전장을 내밀 수 있을 것이다. 아마존은 코로나 팬데믹 기간 동안 호황을 누렸다. 월마트도 그랬다. 월마트는 기존의 전통 소매점들보다 디지털화가 더 깊숙이 진전되고 있었다.

어떤 경쟁우위도 영원불변하지 않다. 따라서 하루가 다르게 새로이 습득해야 한다. 아마존이 여전히 전자상거래를 지배하고 있지만 월마트도 성장세에 있다. 넷플릭스는 사실상 수년간 비디오 스트리밍 시장을 독식했지만, 이제 아마존과 애플을 비롯해 전통 주자인 디즈니, NBC, 워너미디어도 이 시장에 뛰어들었다. 코로나로 인해 모두가 집에 틀어박혀 있던 2020년 3월까지 넷플릭스 가입자는 1억 8,200만 명으로 급증했고, 2020년 4월 말 디즈니플러스의 가입자는 5,000만 명에 이르렀다. NBC유니버설은 가입자 1,500만 명으로 사업을 시작했고, AT&T의 HBO 맥스도 출시를 앞두고 있다.

기업들은 경쟁우위를 확보하기 위한 수단을 점점 더 많이 가지고 있다. 알고리즘과 전문지식은 비교적 저렴한 비용으로 획득할 수 있다. 그리고 새로운 수익 모델을 중심으로 사업을 해나가는 기업들에게로 자금이 흘러가고 있다.

새로운 경쟁 규칙을 알면 시야가 넓어지고, 복잡하고 빠르게 변화하는 환경에서 어디로 가야 할지 정하는 데 도움이 될 것이다.

1장에서는 소수의 신생 업체들이 25년도 안 되어 수조 달러의 시장가치를 지닌 거대 기업으로 변모할 수 있었던 근본적인 힘이 무엇인지 설명한다. 그들이 경쟁의 판도를 바꾼 비결과 그것이 여러분의 미래에 의미하는 바가 무엇인지 정확히 보여줄 것이다. 2장에서는 더 이상 효과가 없는 인습적인 비즈니스 관행과 제거되어야 하는 몇 가지 일반적인 신념에 대해 설명한다.

3장부터 8장까지는 경쟁우위를 창출하기 위한 새로운 규칙들을 하나씩 설명하고, 실제 기업에서 어떻게 활용되는지 사례를 들어 보여준다.

9장에서는 일부 전통 기업들이 얼마나 빠르게 움직였는지 보여줌으로써 여러분도 행동에 옮길 수 있도록 격려할 것이다.

실무자들에게 유용한 통찰력과 지식을 제공하는 것이 평생의 사명이었다. 이 책을 통해 그 사명을 완수할 수 있기를 바란다.

차례

서문 : 디지털 시대의 새로운 규칙   6

1장 | **디지털 거대 기업들이 이기는 이유** ··············· 15

2장 | **새로운 세상, 새로운 규칙** ··············· 37

3장 | **10배, 100배, 1000배의 시장** ··············· 53

4장 | **디지털 플랫폼 중심의 비즈니스** ··············· 81

5장 | **가치 창출 생태계** ··············· 115

| 6장 | **디지털 시대에 맞는 수익 구조** ················ 145

| 7장 | **복잡한 조직 대신 팀 중심으로** ················ 171

| 8장 | **미래를 창조하는 리더** ···················· 207

| 9장 | **경쟁우위 다시 생각하기** ···················· 227

감사의 말 235

부록: 디지털 시대에 경쟁우위를 갖출 준비가 되었는가? **238**

주 242

찾아보기 246

디지털 거대 기업들이 이기는 이유

— Rethinking —
Competitive Advantage

2019년 2월 제91회 아카데미 시상식, 할리우드 엘리트들이 모인 자리에서 넷플릭스는 저명한 스필버그 감독의 설전으로 도마 위에 올랐다. 스필버그가 후원했던 영화 〈그린 북Green Book〉은 오스카 최우수 작품상을 수상했다. 하지만 스필버그는 넷플릭스가 제작한 또 다른 강력한 경쟁작 〈로마Roma〉가 오스카상 후보에 올라서는 안 될 일이었다고 자신의 생각을 분명히 밝혔다.

스필버그는 〈로마〉가 단 3주간의 극장 독점 상영 후 넷플릭스 스트리밍으로 소비자들에게 직접 제공되었다는 사실을 지적했다. 그는 원래 영화는 개봉하면 몇 달 동안 극장에서 상영되어야 하는데, 극장 상영을 단축하면서 대형 스크린이라는 몰입할 수 있는 경험을 영화 관람객들에게서 빼앗고 극장 시스템 전체를 위험에 빠뜨린다고 주장했다.

아카데미 이사회가 이 문제에 대해서 논의할 준비를 하고 있을 때, 한 주지사는 다음과 같이 말했다.

"현재나 미래가 이렇게 급변하리라고는 아무도 상상하지 못할 때 시행된 규칙들입니다."

실제로 넷플릭스의 CEO 리드 헤이스팅스는 브로드밴드(광대역 통신망)가 널리 사용되기 거의 20년 전에 이러한 미래를 구상했다. 이후 헤이스팅스는 성공적인 디지털 회사의 리더라면 응당 해야 하는 일을 했다. 자신이 구상해온 미래를 새로운 기술을 이용하여 다른 사람들이 예상했던 것보다 훨씬 더 빨리 창조해낸 것이다.

전례 없는 속도로 확장할 수 있는 새로운 시장 공간과 수익 구조를 상상하는 일은 처음부터 디지털 기술을 기반으로 사업을 전개한 신생 디지털 회사들이 최근 몇 년 동안 큰 경쟁력을 갖게 된 여러 가지 방법 중 하나일 뿐이다. 수익 구조와 자금 조달 방식에 관해 기존과 다르게 생각하는 것이 두 번째 방법이다. 그리고 알고리즘 기술을 사용해 작업을 재구성하고 의사 결정력을 향상하는 것이 세 번째 방법이다.

오늘날과 같은 경쟁 시대에는 전통 기업들이 스스로 어떤 상황에 처해 있는지 알아야 하며, 본 디지털 기업으로부터 경쟁우위를 구축하는 방법을 배워야 한다.

경쟁의 새로운 본질

2000년 후반 넷플릭스는 블록버스터와 같이 소비자들이 직접 방문해야 하는 소매 비디오 상점 대신 우편으로 DVD를 발송하는 서비스를 제공함으로써 경쟁우위를 구축했다. 그 시점에서 넷플릭스 리더들은 향후 소비자들이 언제 어디서나 디지털 기기에서 스트리밍으로 영화를 볼 수 있을 만큼 브로드밴드 기술이 빠르고 저렴해질 것이라는 점을 깨달았다. 헤이스팅스가 온라인 매거진 INC닷컴의 패트릭 사우어Patrick J. Sauer에게 "우리는 주문형 비디오(VOD, 시청자가 원하는 시간에 원하는 프로그램을 전송해주는 시스템)가 탄생할 때를 대비하고 싶습니다"라고 말했던 2005년만 해도 이 기술은 충분히 발전된 상태가 아니었다.

그러나 2007년 드디어 때가 왔다. 미국 가정의 절반가량이 브로드밴드에 접속할 수 있었고, 넷플릭스는 이미 고객의 가정에 영화를 스트리밍할 준비가 되어 있었다. 유튜브는 급속하게 성장하고 있었고, 비슷한 시기에 NBC와 컴캐스트Comcast와 제휴를 맺고 있는 훌루Hulu가 생겨났다.

넷플릭스는 강력한 요소들을 결합함으로써 번창할 수 있었다. 우선 소비자들에게 무제한으로 비디오를 볼 수 있는 월간 구독료 서비스를 내놓았다. 이것은 대부분의 사람들이 DVD나 VHS 방식의 테이프를 한 번에 한두 개씩 빌리던 시점에 등장한 참신한 발상이었다. 넷플릭스는 전통적인 미디어 회사들로부터 콘텐츠 사용 승인을 받아 소비자들에게 볼거리를 부족하지 않게 제공했다. 구독자들은 집에 가만히 앉아서 새로 개봉된 인기 영화를 볼 수 있었고, 처음으로 그들이 가장 좋아하는 예전 TV 드라마도 실컷 즐길 수 있게 되었다.

원활한 시청 환경을 제공할 수 있는 기술 플랫폼이 없었다면 이 모든 것이 불가능했을 것이다. 하지만 넷플릭스의 디지털 플랫폼은 광대역 연결을 통해 데이터를 전송하는 것뿐만 아니라, 그 과정에서 고객의 시청 습관에 대한 데이터도 수집했다. 점점 더 능숙하게 데이터를 분석하는 알고리즘 덕분에 가입자들은 수많은 콘텐츠 가운데 마음에 드는 것을 찾을 수 있게 되었다.

디지털 플랫폼 구축, 광대역 스펙트럼 확보, 라이선스 비용 지불, 알고리즘 작성 및 개선을 위한 기술 전문가 고용 등 모두 넷플릭스의 매출과 가입자를 늘리는 데 기여한 요소들이다. 여기에는 초고속 확장과 스트리밍 능력을 구축하는 것보다 더 많은 비용(현금)이 투자되었다.

일찍부터 넷플릭스를 블록버스터에 매각하려고 노력했지만 블록버스터가 거절했다는 것은 유명한 이야기다. 대신 넷플릭스는 자신들의 미래를 믿어주고, 현금을 계속 투입해야 하는 이유를 잘 이해하는 주주들과 투자자들을 찾아냈다. 주당순이익(EPS, 기업의 순이익을 발행 총주식 수로 나눈 값—옮긴이)은 지체될 수 있다. 자체 콘텐츠를 제작하는 모험을 단행한 넷플릭스는 2009년 〈하우스 오브 카드 House of Cards〉 시리즈 제작을 시작해 4년 뒤에 출시하면서 주당순이익은 계속 지체되었다.

······●●●●●······

10년이 훌쩍 지난 2019년 초반, 워너미디어, 디즈니, 애플 같은 거대 미디어 회사들이 넷플릭스의 스트리밍 시장 지배에 적극적으로 도전하기 전이었다. 그리고 또 다른 주요 업체인 아마존이 강력한 존재감을 드러내며 그 경쟁 공간에 뛰어들었다. 2019년 1분기에 드디어 일련의 경쟁적인 조치와 그에 따른 대응들이 시작되었다.

2019년 2월, 미국 법무부가 콘텐츠를 제작 유통한 디지털 플레이어와 경쟁할 목적으로 타임워너와 AT&T의 합병을 승인함에 따라 고위 경영진은 즉시 조직을 재구성하기 시작했다. NBC 엔터테인먼트의 전 책임자인 로버트 그린블랫Robert Greenblatt은 영화 전문 채널 HBO와 터너브로드캐스팅Turner Broadcasting의 일부를 새로 결합한 워너미디어의 책임자로 임명되었고 새로운 스트리밍 서비스를 설계하는 책임을 맡았다.

한 달 후인 2019년 3월 20일, 디즈니는 영화와 TV 스튜디오, 훌루 지분 30%를 포함해 21세기폭스의 상당 부분을 713억 달러(약 79조 원)에 매수하는 계약을 체결했다. 디즈니는 이미 훌루의 지분

30%를 소유하고 있었기 때문에 이제는 최대 지분을 갖게 된 셈이다. 한편 디즈니는 넷플릭스와 라이선스 계약을 마무리하고 훌루와 별개로 스트리밍 서비스인 디즈니플러스를 출시하겠다고 대대적인 선전을 벌였다.

5일 뒤 애플은 HBO, 쇼타임 및 기타 채널에서 제공하는 콘텐츠를 월간 요금으로 배포하는 TV 앱을 가을에 출시할 예정이라고 발표했다. 팀 쿡이 이 서비스에 애플이 만들고 있는 오리지널 콘텐츠를 포함시킬 것이라고 설명했을 때 스티븐 스필버그도 같이 무대에 서 있었다.

일부 보도에 따르면, 그 분기에 아마존은 무려 10억 달러를 들여서 〈반지의 제왕〉을 비롯한 TV 시리즈 판권을 확보했다고 밝혔다. 이 소식을 듣고 한 미디어 분석가는 이렇게 말했다. "미디어 시장을 장악하기 위한 전면전이 벌어지고 있다. 기존 미디어와 비교했을 때 엄청난 가치 평가와 시장 상황 그리고 현금 더미를 보유한 빅테크 플랫폼이 이제 막 시작되었다."

촉박한 일정을 앞두고 발표된 내용들은 트위터를 뜨겁게 달구었다. 사람들이 얼마나 많은 구독료를 지불할 것인가? 워너미디어의 관료주의가 HBO의 창의성을 짓누를 것인가? 디즈니의 새로운 사업 모델로 영화 스트리밍 가격이 인하될까? 무엇을 하나로 묶어 서비스하고, 무엇을 개별적으로 서비스할까? 그리고 현재 소비자들이 가장 좋아하는 넷플릭스가 과연 계속 선두를 차지할 것인가?

경쟁적 조치 및 대응

비디오 스트리밍 시장은 경쟁이 치열해지고 있는 디지털 경제의 한 예에 불과하다. 오랜 전통을 자랑하는 기업들은 디지털 경쟁사들과의 싸움에 뛰어들었고, 지금까지는 본 디지털 기업들이 승기를 잡고 있다. 월마트와 메이시스 백화점부터 전자제품 판매업체 베스트바이BestBuy에 이르기까지 모든 오프라인 소매점들은 아마존과 끊임없는 결투를 벌이고 있으며 은행과 신용카드 회사들은 페이팔과 애플페이에 맞서 싸우고 있다.

한편 거대 디지털 기업들은 시장점유율과 패권을 서로 차지하기 위해 경쟁하고 있다. 아마존 웹 서비스 AWS 대 마이크로소프트의 애저Azure 클라우드 서비스가 좋은 예다. 소비재 회사와 소매 및 제조업체들은 온라인 소비자들에게 직접 판매하는 틈새 상품으로 시장점유율의 가장자리를 갉아먹는 수백 개의 전자상거래 스타트업을 신설하고 있다. 온라인 구독을 기반으로 소비자들에게 직접 판매하는 달러쉐이브 클럽Dollar Shave Club과 매장에서 판매되는 P&G의 질레트 면도기를 비교해보라.

이렇게 치열한 전투의 공통적인 맥락은 디지털화이다. 그것은 오늘날 경쟁의 본질을 뒤엎고, 20세기의 경쟁우위 방식을 쓸모없게 만들었다.

예를 들어 '하던 일이나 하라'는 오래된 격언은 핵심 역량을 기반으로 하라는 의미로 기업의 상상력을 좁히는 경향이 있다. 그러나 오늘날 리더들에게 대담한 상상력은 필수 요건이다. 넷플릭스, 아마존, 페이스북, 구글의 CEO와 경영진들이 아직 오지 않은 미래를 상상하지 않았다면, 이들 회사들은 지금의 모습이 아닐 것이다.

특히 디지털 대기업들이 서로 도전하고 있는 경쟁 환경에서는 '선발업체 우위'와 '승자독식'이 통하지 않는다. 선발업체들이 빠르게 확장할 수는 있지만, 그들이 만든 큰 시장이 무엇이든 다른 후발업체들도 반드시 진입한다. 그렇기에 승자들이 실제로 모든 것을 차지하지는 않는다. 적어도 영원히 갖지는 못한다. 그리고 새로운 경쟁자들이 빨리 뛰어들지 않으면 정부가 반독점 규제에 개입할 수도 있다.

아마존은 전자상거래에서 일찍이 지배적인 위치를 차지했지만 완전히 독점적이지는 않다. 알리바바, 텐센트, 징둥닷컴은 맹렬한 기세로 몰아붙이는 세계적인 경쟁업체들이다. 전통 소매업체 월마트는 젯닷컴jet.com을 인수한 이후 더 큰 규모로 온라인 공간에 뛰어들었으며, 인도 최대의 전자상거래 업체 플립카트Flipkart 지분도 다수 보유하고 있다. 월마트는 온라인 판매와 오프라인 상점을 연결함으로써 인기를 얻고 있다. 브라질에서 B2W는 상대적으로 신입인 아마존을 궁지에 몰아넣었다.

이러한 경쟁의 결과는 불확실하다. 그러나 디지털 기업들이 경쟁하는 방식에서 몇 가지 근본적인 차이점이 명확하게 드러났다. 넷플릭스, 아마존, 구글, 알리바바를 해부해보면 다음과 같은 공통점을 발견할 수 있다.

- **아직 존재하지 않는 100배 규모의 시장을 상상한다.** 여행을 하거나 식사를 하거나 집에 가구를 들이거나 물품을 구매하거나 건강관리 또는 오락거리를 찾을 때, 한 개인의 삶에서 크게 향상될 수 있는 엔드투엔드(end-to-end) 경험(중간 단계를 배제하고 통합적으로 직접 제공하는 서비스—옮긴이)을 상상한다. 그것이 실현된다면 많은 사람들이 엔드투엔드 경험을 원하게 될 것이다. 그들은 불가능해 보이는 일을 실현하기 위해 기술을 어떻게 활용할지를 생각하며, 자신과 소비자 사이에 중개자가 있다 하더라도 최종 사용자(소비자)에게 초점을 맞춘다. 자신의 제품이 최종 사용자에게 적합하다면 매우 빠르게 확장될 수 있다는 사실을 알고 있기 때문이다. 소비자들이 하는 말은 거의 즉각적으로 퍼지기 마련이므로 넷플릭스는 대부분의 사람들이 영화관에 가서 제값보다 비싸게 파는 팝콘이나 옆 사람의 방해를 감내하거나 연예기획사 또는 방송사가 정한 시간에 TV를 보는 대신, 집에서 자신이 원

하는 시간에 보고 싶은 영화를 찾아서 보는 것을 더 선호할 거라고 믿었다. 50달러짜리 휴대폰과 초저가 인터넷 연결 시대에 잠재 시장은 인도에서처럼 폭발적으로 팽창하고 있다.

- **핵심에는 디지털 플랫폼이 있다.** 디지털 플랫폼은 다양한 목적을 위해 데이터를 저장하고 분석하는 알고리즘을 전문적으로 결합한 것이다. 그것을 통해 빠른 실험과 빠른 가격 조정이 가능하고, 최소한의 비용으로 전 세계 사람들에게 서비스를 제공할 수 있다. 넷플릭스는 지리적 경계를 넘어 자신들이 가지고 있는 다양한 동영상을 쉽게 스트리밍할 수 있다. 인공지능과 기계 학습의 범주에 속하는 알고리즘을 통해 고객의 행동과 선호도에 대해 더 많은 정보를 알게 되었고, 스스로 수정하고 개인 맞춤화를 개선하여 고객의 충성도를 높일 수 있다.

- **성장을 가속화하는 생태계를 갖추고 있다.** 이와 같은 생태계에서 함께 일할 파트너들은 아마존 웹사이트의 외부 판매자, 독립 계약 형태인 우버 운전자, 애플의 앱 개발자 등 다양하다. 이러한 기술을 통해 회사는 자본 투자 없이도 역량을 확장할 수 있다. 교차 판매(금융회사들이 자체 개발한 상품에만 의존하지 않고 다른 금융회사가 개발한 상품까지 파는 적극적인 판매 방식—옮긴이)를 통해 더 많은 대중들에게 새로운 제품을 제공할 수 있다. 그들은 또한 새로운 수

익 모델을 활성화하거나 놓치고 있는 능력을 제공하기도 한다. 대부분의 생태계는 데이터를 공유함으로써 규모가 빠르게 확장된다.

넷플릭스는 워너미디어의 TV 시리즈 〈프렌즈〉와 NBC유니버설의 〈더 오피스The Office〉(사무용품 회사의 깐깐한 지점장과 부하직원들의 일상을 그린 시트콤—옮긴이)와 같이 생태계에서 라이선스를 부여받은 콘텐츠 없이는 존재할 수 없다. 기업들은 서로 경쟁하지 않는다. 다만 기업의 생태계가 경쟁하는 것이다.

- **수익 구조는 현금과 기하급수적인 성장과 관련이 있다.** 디지털 사업체들은 일정 기간 현금 지출이 정점에 달하다가 출시한 제품이나 서비스가 성공하면 후속 제품이나 서비스를 판매하거나 가입자를 늘리는 데 드는 비용이 줄어들면서 수익률이 급격히 상승한다는 것을 알고 있다. 그들은 회계 처리보다는 현금에 초점을 맞춘다. 수익률 증가의 법칙을 인지하고 있는 자금 투자자들은 초기에 자금을 대거 투입해야 하는 유동성 문제를 기꺼이 받아들임으로써, 나중에 기하급수적인 보상을 받게 될 것이다.

- **의사 결정은 혁신과 속도를 향상하는 방향으로 이뤄진다.** 전통적인 기업들이 겪는 성장의 둔화와 수익 감소의 주된 원인은 복잡한 시스템과 관료주의다. 디지털 플랫폼 기업에서는 관료주

의가 뿌리내릴 수 없다. 작업 속도가 빠른 팀들이 실시간 정보에 쉽게 접근할 수 있으므로, 여러 관리 체계를 거치지 않고도 곧바로 의사 결정을 내려 필요한 조치를 취할 수 있다. 그들은 매우 빠르게 움직일 수 있다. 디지털 플랫폼이 회사의 모든 사람에게 팀의 진척 상황을 알려주기 때문에 책임회계(회계 수치와 관리 조직의 책임을 연계하는 것—옮긴이)가 이미 확보되어 있다. 회사 규모가 급속도로 확장되어도 오버헤드(목표 달성을 위해 추가적으로 필요한 컴퓨터 자원—옮긴이)는 최소한으로 유지된다.

아마존의 일반관리비(기업 전반의 관리에 드는 비용—옮긴이)는 매출의 1.5%에 불과하다. 스스로 동기를 부여하고 팀 문화에서 성장할 수 있는 사람들을 채용함으로써 혁신적이고 민첩한 회사를 만든다.

- **리더들은 학습, 재창조, 실행을 주도한다.** 디지털 기업의 리더는 전통적인 관리자와는 다른 기술과 역량을 가지고 있다. 기술에 대한 실무 지식, 광범위한 상상력 그리고 거시적인 아이디어를 실행할 수 있는 능력을 가지고 있다. 그들은 데이터를 이용해 실행을 완전히 새로운 수준으로 끌어올린다. 또한 팀과의 지속적인 의사소통과 과감한 자원 이동으로 조직을 민첩하게 만든다. 그들은 사고의 유연성으로 지속적인 변화와 성장을 촉진하고, 다른 수많은 회사의 리더들이 도전하고자 하는 변화를 만들어낸다.

간단히 말해 오늘날의 거대 디지털 기업과 신생 기업은 개별 소비자 경험에 집중하여 새로운 시장을 개척한다. 그들은 빠르게 확장하고 데이터를 수집하며 관련 파트너를 생태계로 끌어들인다. 그들의 사업 모델은 현금 총이익(6장에 설명된 새로운 지표), 현금 창출, 기하급수적인 성장에 초점을 맞추고 있다. 그들은 새로운 수익 패턴을 이해하는 벤처캐피털(VC) 회사들과 투자자들에게 회사 성장에 필요한 막대한 현금을 지원받는다. 그리고 매우 열성적인 리더와 직원들이 목표를 갖고, 다음 단계, 추진 속도, 지속적인 혁신, 엄정한 실행에 끈질기게 집중한다.

·····●●●●●·····

디지털 거대 기업의 이러한 요소들이 결합되면 특히 강력한 힘을 발휘한다. 넷플릭스를 다시 살펴보자.

대부분의 기업 CEO들은 매일은 아니더라도 분기별로 산출되는 EPS가 신성불가침이라는 사실을 인식하고 있다. 수익이 몇 분기 이상 하락한다면 그들은 리더십을 의심받는다.

반면 리드 헤이스팅스는 EPS에 연연하지 않는다. 넷플릭스를 세계적인 브랜드로 성장시킬 때는 특히 그랬다. 그는 브로드밴드가 확고히 자리 잡기까지 스트리밍 기술에 상당한 투자를 했다. 회사는 또한 최고 수준의 기술 인력과 소프트웨어 엔지니어를 확보하는 데도 많은 투자를 했다. 소프트웨어 엔지니어 경험이 있는 헤이스팅스는 2가지 이유에서 넷플릭스의 알고리즘이 지속적으로 개선되어야 한다는 것을 알고 있었다. 첫째, 시청자들이 어디에 있든 최상의 시청 경험을 제공하기 위해서다. 둘째, 선택의 폭이 점점 넓어지는 가운데 가입자들이 원하는 콘텐츠를 찾을 수 있도록 돕기 위해서다.

가입자들이 선택해서 시청할 수 있는 콘텐츠들은 다른 회사들이 제작한 것을 라이선스 계약으로 맺은 것들이다. 저작권료를 챙긴 전통 기업들은 만족할 만한 손익계산서를 손에 쥐었다. 그들은 자신들이 이미 만든 콘텐츠로 수익과 소득을 증대시켰다.

그러나 넷플릭스가 초창기 몇 해 동안 라이선스 계약을 통해 얻은 것은 훨씬 더 가치가 있었다. 전망이 매우 기대되는 미래였던 것이다. 늘어난 카탈로그는 기존 가입자들의 관심을 끌고 신규 가입을 유도했다. 넷플릭스의 성장 곡선은 가파르게 상승했고 현금흐름은 증가했다.

헤이스팅스는 시간이 지남에 따라 일부 생태계 파트너들이 라이선스 계약을 만료하고 어느 시점에는 스트리밍 시장에 직접 뛰어들 것이라고 예상했다. 카탈로그를 계속 늘려나가기 위해 2009년 넷플릭스는 오리지널 콘텐츠 제작에 돈을 투자하기 시작했다. 회사는 사람들의 시청 선호도를 분석하고 어떤 종류의 이야기를 제작할지, 어떤 배우를 기용할지를 결정했다.

넷플릭스는 최초의 오리지널 시리즈 〈하우스 오브 카드〉를 만들기 위해 데이터 기반 접근법을 실험했다. 2013년에 출시된 이 시리즈는 가입자와 비평가 모두에게 호평을 받으며 큰 성공을 거두었고, 수많은 신규 가입자를 유치해 미래의 프로젝트에 참여할 가장 창의적인 인재들을 영입할 수 있었다.

이후 넷플릭스는 계속해서 알고리즘을 개선하고 R&D 비용을 대폭 늘려 다양한 영화와 시리즈를 제작했다. 2019년 한 해에만 오리지널 콘텐츠에 150억 달러(17조 4,000억 원)를 쏟아부었다.

넷플릭스의 진화를 거치며 헤이스팅스는 소비자들에게 뛰어난 시청 경험을 제공하고, 그들이 좋아하는 콘텐츠를 찾을 수 있도록 보장하며, 특정 시점에 기술을 사업에 활용하는 데 집중해왔다. 소비자들이 가장 큰 가치인 뛰어난 시청 경험을 얻고 있는 한 그들은 계속해서 넷플릭스를 구독하며 꾸준한 현금흐름을 제공할 것이다. 가입자 기반을 늘리면 투자자와 대출자에게 신뢰를 쌓으면서 투자 자금의 흐름을 유지할 수 있다.

넷플릭스는 성장했지만 관료체계가 자리 잡지 않았다. 회사는 자율적인 팀에서 일할 수 있는 역량과 능력을 가진 인재를 선발하고, 디지털 기술을 이용해 성과와 책임을 투명하게 관리함으로써 간편한 보고 체계를 유지했다.

전통 기업들이 경쟁우위에 있는 디지털 기업처럼 빛나는 미래를 설계할 수 없다는 의미가 아니다.(5장과 7장은 B2W와 피델리티의 방식을 보여준다). 하지만 그들은 거대한 디지털 조직에게 배우고 몇 가지 변화를 거쳐야 한다.

겉으로 보기에 넷플릭스, 아마존, 디즈니, 워너미디어, 애플과 같은 거대 엔터테인먼트 기업들의 역량은 서로 비슷해 보인다. 모두 엄청난 자원을 가지고 있다. 막대한 분량의 영화와 TV 콘텐츠를 보유한 워너미디어와 디즈니는 스트리밍 시장에 진입하는 데 실질적인 장벽이 없다. 마찬가지로 넷플릭스, 아마존, 애플 역시 그들만의 독창적인 콘텐츠를 만드는 데 실질적인 장벽이 없다.

그들 사이의 차별점이라면 개별 소비자 경험에 있을 것이다. 개인화 경험을 제공하기 위해서는 알고리즘과 함께 충분한 데이터가 필요하다. 전통 기업들이 소비자 선호도를 더 잘 이해하고 예측하기 위해, 넷플릭스나 아마존이 구비한 것과 같은 데이터 기반과 알고리즘 기술을 얼마나 빨리 구축할 수 있을까?

다시 활력을 찾은 기존 강자들은 프로그래밍을 선택하면서 엄청난 돈을 쏟아부을 것이다. 그러한 결정을 하게 된 근거는 무엇인가? 이러한 결정이 수익, 고객, 자원 및 인재 유치 능력에 어떤 영향을 미칠까?

예를 들어 알고리즘 기술은 어떤 인재를 어느 정도의 보상을 주고 영입할지 결정하는 데 중요한 역할을 할 것이다. 최상의 배우들과 작가 및 감독들과 계약하는 것은 구독자들에게 더 나은 가치를 제공하는 열쇠가 될 수 있다.

영화사는 언제, 몇 개의 상영관에서, 어떤 주말에 영화를 개봉할지 그리고 그것을 어떻게 홍보할지 결정하는 데 필요한 광범위한 전문지식을 갖고 있다. (광고비가 때로는 제작비를 능가하기도 한다.) 영화사는 나중에 TV나 다른 누군가의 스트리밍 서비스로 영화가 상영될 때마다 재방송료를 받을 수도 있다. 스트리밍하는 작품 수나 시간을 더 늘리면 그 모든 것에 어떤 영향이 미칠까? 다른 수익원들이 고갈될까? 그렇다면 얼마나 빨리 고갈될까?

디즈니는 이미 수익이 감소하기 시작한 반면, 폭스는 영화 제작 자산을 근본적으로 매각함으로써 새로운 게임에서 손을 뗐다.

스트리밍의 수익 모델은 완전히 다르다. 디지털 배급은 수확체증의 법칙(투입된 생산요소가 늘어날수록 산출량이 기하급수적으로 증가하는 현상—옮긴이)을 따른다. 글로벌 시장으로 확장하기가 더 쉬워졌고, 새로운 시청자 1명당 서비스 비용이 이전보다 줄어들었다. 초기에 콘텐츠 및 기술에 투자한 이후에는 증분비용(추가 생산 비용)이 지속적으로 감소한다. 일부 벤처캐피털과 투자회사들은 이 원칙에 입각한 수익 모델을 가진 회사에 투자하기 위해 경쟁한다. 새로운 비즈니스 모델이 디지털 버전과 극장 버전을 어떻게 혼합할 수 있을까?

성공적인 조직은 소비자의 취향과 기대치가 계속해서 변화하고 있음에 주목하고, 수익 모델의 기반이 되는 기술도 변화한다는 사실을 받아들인다. 기업은 소비자의 엔드투엔드 경험을 개선하거나 완전히 재설계하기 위해 사업 모델을 지속적으로 재검토해야 한다.

현재 상황에 만족하지 않고 그다음 단계를 탐색하는 노력은 한 사람이나 한 부서 또는 한 조직 계층에 국한되지 않는다. 관료주의 체제라 해도 아이디어의 흐름을 막을 수는 없다. 전통 기업의 구성원들은 변화를 환영하는가? 좋은 아이디어가 떠오르면 어떻게 하는가? 그러한 아이디어를 얼마나 빨리 실행하는가?

전통 기업의 리더들은 매출 감소를 저지하고 지속적으로 규모를 키워가고 있는 경쟁 기업들을 능가하기 위해 조직의 관행과 사고방식을 빠르게 바꿀 수 있을까?

•••••

기존의 기업들은 디지털 스타트업 회사들이 부러워할 만한 자원, 브랜드, 고객 기반, 인재풀 및 데이터를 보유하고 있다. 하지만 앞으로는 그것만으로 충분하지 않다. 머잖아 모든 회사는 다른 규칙에 따라 경기하는 디지털 경쟁사와 겨루게 될 것이다. 경쟁에서 이기려면 그들이 누구이며 또 어떤 규칙을 따르는지를 알아야 한다. 그러한 규칙이 무엇인지는 다음 장에서 설명할 것이다.

새로운 세상,
새로운 규칙

—— Rethinking ——
Competitive Advantage

넷플릭스는 영화관과 유선 TV에서 보여주는 영화부터 언제 어디서나, 심지어 전 세계에서 다양한 기기로 스트리밍되는 콘텐츠에 이르기까지 엔터테인먼트 공간을 기하급수적으로 확장하고 재정의했다. 아마존, 에어비앤비, 우버, 리프트Lyft 그리고 다른 디지털 회사들도 그들의 시장 공간을 새롭게 바꾸었다. 기존의 회사들은 이제 자신들만의 디지털 기술을 어떻게 사용해야 할지 다시 고민하며 또 다른 게임을 준비하고 있다. 일부 회사들은 최고 디지털 책임자를 고용하고, 데이터 분석 업무를 보강하며, 디지털 전환을 도와주는 회사에 컨설팅을 의뢰하고 있다. 또 다른 회사들은 IT 요충지에 자신들만의 디지털 스타트업을 만들 계획을 세우고 있다. 그들은 치열한 경쟁에 직면할 핵심 사업에서 자원을 빼내 불확실한 미래를 구축하는 방법을 모색하고 있다.

그들의 과제는 기존 사업이 필연적으로 쇠퇴할 수밖에 없는 상황에서 살아남기 위해 최대한 빠른 시일 내에 디지털 코어를 구축하는 것이다. 나는 CEO 및 C스위트C-suite(CFO, CTO 등 직함에 C(chief)가 들어가는 최고 직위-옮긴이) 리더들과 매일 함께 일하면서 그들이 회사의 성장률이 점점 감소하고 있다며 우려하는 말을 자주 듣는다. 한 자릿수 성장률은 일반적인 수준이고, 어떤 기업은 수익이 실제로 감소하고 있으며, 투자자들은 손을 떼고 있다. 그들의 수익 곡선은 다음과 같다.

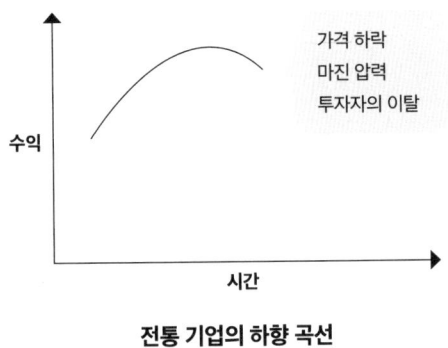

전통 기업의 하향 곡선

한때 잘나가던 비즈니스의 성장률을 떨어뜨리는 요인은 2가지다. 첫째는 우수한 고객 서비스와 수익 모델로 무장한 디지털 기업이 그들의 시장에 진입한 것이고, 둘째는 기존 경쟁자들이 살아남기 위해 필사적으로 가격을 내리기 때문이다. 이것은 산업 전체의 수익성을 파괴할 수 있다. 대표적인 예가 소매업이다. 이미 경쟁에서 패한 JC페니JCPenney, 니먼 마커스Neiman Marcus, 제이 크루J. Crew는 코로나19가 강타했을 때 파산 신청을 해야 했다.

진로를 모색하는 모든 회사는 새로운 경쟁 규칙을 이해하는 것부터 시작해야 한다. 성공한 디지털 기업들은 어떤 규칙을 가지고 있는지 살펴보자.

새로운 경쟁우위 규칙

- **Rule 1** 100배, 1000배의 시장에서 개인화된 고객 경험을 상상하라.
- **Rule 2** 알고리즘과 데이터는 경쟁의 필수 무기다.
- **Rule 3** 승자독식 사회는 끝났다. 생태계에서 협업하고 경쟁하라.
- **Rule 4** 막대한 현금을 창출하는 수익 구조를 만들어라.
- **Rule 5** 조직을 민첩하게 움직일 수 있는 소셜 엔진을 장착하라.
- **Rule 6** 디지털 시대를 이끌 수 있는 리더를 찾아라.

오늘날 거대 디지털 기업들은 이러한 새로운 규칙을 우연히 발견했다. 창업자들은 대부분 전통적인 기업이나 비즈니스 스쿨에 다니는 데 시간을 쓰지 않았다. 마크 저커버그는 스티브 잡스와 빌 게이츠가 그랬던 것처럼 대학을 중퇴했다. 그들은 다만 기술이 사람들의 삶을 어떻게 변화시킬 수 있는지 내다보았고, 그들이 상상한 것을 실현하는 데 필요한 자원과 재능을 얻을 수 있는 방법을 찾아냈다.

그들은 어떤 믿음이나 관행이 효과가 있으면 그것을 기반으로 삼았으며, 서로를 포함한 다른 회사들로부터 좋은 아이디어를 얻었다. 그들은 이러한 규칙들을 조합하면 얼마나 강력한 영향력을 발휘하는지 처음부터 직관적으로 알고 있었다.

무엇이 다르고 무엇이 다르지 않은가

어느 기업이나 경쟁우위를 차지하려고 한다. 특히 디지털 대기업들은 경쟁우위를 차지하기 위해 그 어느 기업 못지않게 사업을 확장하고 다른 기업들과 속도를 맞춘다.

수익 구조의 기본적인 요소도 같다. 수익, 총이익, 순이익, 현금 유동성 및 자본 투자는 전 세계 모든 나라 온갖 유형의 사업에 적용되는 보편적인 개념이다. 물론 지금은 각 요소들 간의 관계가 다르지만, 보편적인 요소인 것은 변함이 없다.(각 요소들의 관계 변화는 6장에서 설명할 것이다.)

브랜드, 평판, 특허 및 독점 기술과 같은 일부 전통적인 경쟁우위 요소의 중요성도 변하지 않았다. 그리고 철강이나 자동차 제조와 같은 자본 집약적인 사업에서는 여전히 규모가 중요하다. 하지만 많은 전통적인 진입 장벽이 더 이상 힘을 발휘하지 못하고 있다. 예를 들어 기업이 소비자에게 직접 판매할 때는 유통의 규모가 장벽이 되지 않는다. 프록터앤드갬블Proctor & Gamble(P&G), 킴벌리클라크Kimberly Clark, 유니레버Unilever는 유통 체인이 잘 발달되어 있으며 상품을 진열하고 판매하는 오프라인 소매점들과 오랜 기간 돈독한 관계를 유지하고 있다. 하지만 아마존은 고객의 문 앞에 제품을 직접 배달함으로써 그러한 장벽을 보기 좋게 비껴갔다.

디지털 시대가 임박한 전후 시기에 경쟁우위를 확보하는 기업의 가장 큰 차이점은 단연코 경쟁력 있는 행동과 반응 속도다. 모든 회사들은 이제 예고 없이 갑자기 굽은 길이 나타나는 차선에 올라타 엄청난 속도로 달리고 있는 셈이다. 그러므로 기업이 아무리 잘해도 새로운 경쟁사가 갑자기 끼어들면 금세 뒤처질 수밖에 없다.

다른 기업들의 변화 빈도와 속도를 높이도록 만든 아마존의 제프 베이조스는 성공이 결코 영원하지 않다는 사실을 잘 알고 있다. 그의 유명한 만트라(주문 의식) '데이 원Day 1'(창업 첫날, 그의 사무실이 있는 건물 이름이기도 하다)은 현 상태에 안주하지 말고 매일 투쟁하라는 정신을 뜻한다. 1997년 첫 연례보고서에서 그는 이렇게 썼다.

"둘째 날은 정체의 날입니다. 정체 뒤에는 무관심이 따릅니다. 뒤이어 몹시 고통스럽고 극심한 쇠퇴가 오고, 결국 죽음에 이르게 됩니다. 그래서 우리는 언제나 첫째 날이어야 합니다."

급격한 조치 하나하나가 선두주자들의 결정적인 반응을 불러일으키기 때문에 경쟁 순위는 끊임없이 변한다. GM, 포드, 크라이슬러 등은 수십 년 동안 자동차 제조에서 지배적인 위치를 차지했지만, 약체였던 일본 자동차 회사들이 새로운 경영 시스템과 제조 기술로 이들을 앞질렀다. 디지털 시대에는 어떤 기업도 그렇게 오랫동안 부동의 지위를 누리지는 못할 것이다.

오늘날 새로운 비즈니스 아이디어는 매우 빠르게 실행되어 시장을 장악할 수 있다. 우버나 스포티파이, 인스타그램을 생각해보라. 막대한 자금력이 필요한 유통 시스템을 비껴갈 수 있다. 소셜미디어 덕분에 다른 나라에 있는 소비자들까지도 새로운 서비스와 아이디어를 즉각적으로 알게 된다. 따라서 경쟁우위의 원천과 이를 구축하는 방법을 계속해서 이해하고 확보해야 한다. 소비자를 위해 지속적으로 혁신하고 새로운 수익 증가 방안을 찾아 실행하지 않는 한 경쟁우위는 오래가지 못할 것이다.

앞으로 나아가는 것을 방해하는 장애물

책의 나머지 부분에서는 경쟁의 새로운 규칙을 이해하고 받아들이기 위해 알아야 할 것들을 설명한다. 이제 여러분은 과거에는 진실이었던 것, 즉 직업 경력을 쌓는 데 도움이 되었던 가정과 신념을 버려야 한다. 그것들은 이제 우리의 관점과 상상력을 제한하는 방해물이다. 예를 들어 다음과 같은 것들이다.

시대에 뒤떨어진 이론에 지나치게 의존하기 한 세대의 비즈니스 리더들이 성장하고 경쟁하는 데 금과옥조로 삼았던 지침들은 이미 수십 년 전에 만들어진 것들이다. 1980년대 마이클 포터Michael Porter가 대표작《경쟁 전략Competitive Strategy》과《경쟁우위Competitive Advantage》를 통해 전략 계획을 재정립하고, 이후 10년 동안 C. K. 프라할라드C. K. Prahalad와 게리 하멜Gary Hamel이 전략적 의도와 핵심 역량에 대해 가르친 이후로 경제는 변화해왔다.

초기에는 베인앤컴퍼니Bain & Company, 맥킨지McKinsey, 보스턴컨설팅그룹BCG 리더들의 사고에서 비롯된 개념들이 전 세계 수천 명의 비즈니스 리더들에게 많은 도움이 되었으며 MBA 프로그램의 핵심이기도 했다. 그러나 오늘날의 디지털 경제에서는 그러한 것들이 경쟁우위를 제공한다고 하기에는 미흡한 점이 있다.

마이클 포터가 분석한 5가지 경쟁 요인은 주로 진입 및 출구 장벽을 관리하고, 비용 절감 또는 차별화라는 2가지 일반적인 전략 중 하나를 통해 시장점유율을 확보하는 데 초점을 맞추고 있다. 이러한 모델은 기업이 막대한 자본을 투자해야 하는 특허, 브랜드 인지도, 유통, 규모 등을 통해 지속 가능한 경쟁우위를 구축한다. 그러나 아마존과 알리바바 그리고 다른 전자상거래 회사들을 막지는 못했다.

경쟁력 분석은 한마디로 명확하게 설명할 수 있는 자동차 산업에서 이름이 알려진 업체들을 기반으로 이루어져왔다. 이후 우버와 리프트, 기타 차량 공유 회사가 자동차 산업에 개입하여 '모빌리티'를 기반으로 한 새로운 시장 공간을 창출했다. 포드나 GM 제품을 샀을지도 모르는 고객들을 갑자기 등장한 우버가 빼앗고 있는 것이다. 호텔업계도 그 경계가 모호해지고 있다. 여행객들은 에어비앤비를 통해 흔히 집으로 사용되지 않는 나무집이나 보트 등 파격적인 숙박 시설을 이용하고, 와인 시음이나 음악, 책 여행과 같은 체험 활동을 접할 수 있다.

이전에는 변화가 서서히 진행되는 양상을 보였다. 그래서 기업들은 경쟁 환경을 분석하고, 최소 수년간은 변함없이 유용하리라고 판단되는 전략을 수립하면서 몇 주, 몇 달을 보내곤 했다. 하지만 오늘날은 변신에 가까운 변화가 대규모로 발생하고 있다. 모든 회사들은 내일이면 무엇이 자신들의 최고 계획을 쓸모없게 만들어버릴지 인식하고 재빨리 방향을 바꿀 수 있어야 한다.

디지털 시대에는 핵심 역량을 키우려고 노력하는 것이 오히려 방해가 될 수 있다. 왜일까? 핵심 역량을 키우는 것은 인사이드 아웃(내부 인재와 조직의 역량을 기반으로 전략적 사업을 결정하는 것 — 옮긴이)의 관점에서 이루어지고 리더의 주변 시야와 상상력을 좁히는 경향이 있기 때문이다. 이것은 새로운 시장 공간을 창조하기보다는 인접한 부분(스포츠웨어 시장에 주력하는 나이키나 트럭 렌탈 분야로 확장하는 헤르츠)

으로 이동하거나 기존 브랜드의 새로운 용도(녹 방지용으로 개발되었으나 현재 방수 장갑부터 골프채 세척까지 수십 가지로 응용되어 범용 제품으로 판매되는 WD-40)를 찾는 것을 의미한다.

핵심 역량은 유효 기간이 있다. 그것은 곧 구식이 되어버리고 새로운 핵심 역량들이 필요해진다. 오늘날에는 정보의 가용성으로 인해 소비자가 시장을 지배하는 형국인데도, 엔드투엔드 소비자 경험을 이해하는 데 핵심 역량을 투입하는 회사는 거의 없다. 전통적인 소매업자들은 전자상거래에서 역량을 키워야 한다는 것을 뒤늦게 깨달았다. 월마트의 CEO 더그 맥밀런Doug McMillon은 온라인 기능을 구축하기 위해 젯닷컴을 인수하여, 온라인 판매와 오프라인 매장 판매를 결합하는 방식을 실험하고 있다.

핵심 역량이라는 좁은 시야에 너무 오래 머물러 있다 보면 새롭게 필요한 역량을 갖추지 못하고 큰 타격을 입을 것이다. 넷플릭스와 훌루는 일찍부터 스트리밍 기능을 구축했다. 디즈니, 애플, 아마존, 워너미디어는 수년 후에 그러한 기능을 갖췄다. 폭스는 스트리밍 역량을 구축하는 데 시간을 끌다가 재정 손실을 피하기 위해 영화 자산을 디즈니에 팔았다.

심지어 BCG의 유명한 매트릭스Matrix와 같은 포트폴리오 또는 자본 배분 모델은 시장점유율과 성장률에 따라 사업을 4개 부문(미래가 불투명한 사업을 물음표Question Mark, 점유율과 성장률이 모두 좋은 사업을 스타Star, 투자에 비해 수익이 월등한 사업을 캐시카우Cash Cow, 점유율과 성장률이 둘 다 낮은 사업을 도그(Dog)으로 분류하고 있는데, 이는 현실(집중해야 하는 비즈니스)을 고정된 것으로 간주하는 오류를 저지름으로써 불충분한 이론이 되었다.

점진주의와 단기적 사고의 지배적인 심리. 주로 주당순이익과 시장점유율에 초점을 맞춘 회사에서 경력을 쌓아온 리더들은 비록 3년이 걸릴 것이라고 추정한 것들도 1년 안에 끝내는 것에 100% 초점을 맞춰 진행한다. 일부 보상 인센티브로 동기부여를 하며 직원들을 밀어붙인다. 그러한 CEO들에게 사업이 어떠냐고 물어보면 거의 똑같이 "이번 분기는 좋다" 또는 "지난 분기에 P&G를 이겼다"는 식으로 말한다. 단기적인 성과를 올리는 데 급급한 것이다. 그것도 아주 조금씩만.

리드 헤이스팅스가 플랫폼 가입자 수와 참여 수준이 어느 정도인지에 초점을 맞추고 있는 넷플릭스와 비교해 보라. 그는 매일 이러한 메트릭스Metrics(업무 수행 결과를 보여주는 계량적 분석―옮긴이)를 관찰하면서 조절할 수 있다. 그러나 장기적인 결정을 내리는 데 초점을 맞춘다. 넷플릭스는 다른 기업의 영화와 TV 프로그램을 사용할 수 없게 될 가능성까지 예상하고 선제적으로 자체 콘텐츠를 제작하기 시작했다.

고객에 관한 하나의 사각지대. 7개 기업 이사회의 일원으로서

나는 지난 25년 동안 매년 주요 기업들의 전략적 사업 계획을 대략 20개 정도 검토했다. 기업 이사회와 함께 이틀 동안 약간 호화로운 장소에서 가진 수련회에서, 보통 100개 이상의 파워포인트 슬라이드 프레젠테이션이 이루어진다. 사업 계획은 미래, 과거 데이터 및 성과에 대한 가정으로 가득 차 있으며, 이른바 SWOT 분석을 포함한다. 일반적으로 실적 하락 이후 급격히 증가하는 하키스틱 형태의 그래프를 보여준다. 많은 업체들이 고차원적인 컨설팅 회사의 도움을 받는다.

이러한 사고방식이 간과하고 있는 것이 무엇일까? 우선 경쟁우위에는 유통기한이 있다는 사실을 결코 염두에 두지 않는다. 소비자들이 왜 그들의 제품을 선호하는지에 대한 명확한 설명을 생략한다. 또한 제품이나 서비스에 처음 노출되는 것부터 사용이나 수리, 고객관리에 이르기까지 회사와의 모든 상호작용을 포함하는 엔드투엔드 고객 경험에 대한 깊은 이해가 반영되어 있지 않다. 마지막으로 가장 중요한 점은, 기존의 시장 공간에 들어올 수 있는 미래의 경쟁자들은 물론 어떤 경쟁적인 행동과 반응이 나타날지를 생각하지 않는다는 사실이다.

1980년대에 치열한 경쟁을 벌인 코카콜라와 펩시는 고객들의 선호도를 부지런히 추적하면서 질보다는 양에 초점을 두었다. 그러나 숫자만으로는 의사결정자들이 소비자 행동의 변화를 예측할 수 없다. 전통적인 기업의 리더들은 좁은 숫자 게임에서 헤어나지 못하고 있다.

기존 경계 허용. 최근까지도 기업을 산업으로, 그리고 나중에 산업 분야별로 체계화하는 것이 적절한 일이었다. 이는 경쟁의 장을 정의하는 것 외에도, 투자자와 분석가들이 의미 있는 비교를 하는 데도 도움이 되었다. 일반적으로 기업이 만든 물리적인 제품을 기반으로 항공우주, 방위, 자동차 등과 같이 산업 분야별로 분류했다. 분석가들은 제너럴일렉트릭(GE)처럼 여러 산업에서 경쟁하는 회사들을 추적하는 데 어려움을 겪기도 했지만, 비슷한 부류의 그룹들을 시뮬레이션하는 방법을 찾아냈다.

디지털 대기업들은 자신들이 어떤 산업에 종사해야 하는지 혹은 어떤 산업에 종사하지 말아야 하는지에 전혀 관심을 두지 않는다. 이들은 오직 소비자에게만 초점을 맞춰 틈새가 보이는 지점이 발견되면 거기에 새로운 소비자 경험을 제공한다. 일반적으로 다양한 전통 산업 분야와 관련된 보다 완벽한 엔드투엔드 환경을 찾아낸다. 넷플릭스는 엔터테인먼트를 스트리밍하면서도 교육용 제품을 보급할 수 있는 기능도 갖추고 있다. 아마존은 소매업으로 시작했지만 물류, 클라우드 컴퓨팅, 광고 분야에도 주력하고 있다.

전통적인 기업들은 독자적인 사업을 해야 한다고 생각하는 반면, 디지털 거대 기업들은 자신들만의 분야에 국한하지 않는다. 고객이 필요로 하는 것을 제공할 능력이 없다면 외부 업체로부터 얻을 수 있는 방법까지 모색한다. 열린 시스템과 생태계의 관점에서 생각하는 것이다. 중국의 텐센트는 유럽을 여행하는 중국관광객들을 위해 위챗 소셜미디어 서비스를 확장하고자 했을 때, 네덜란드 거대 IT기업인 KPN과 제휴해서 불과 3개월도 안 되는 기간에 SIM카드를 만들어 통신서비스를 구축했다.

경계를 허무는 정신적 유연성의 차이가 자금 조달에서도 드러난다. 전통적인 기업들은 비용이 많이 드는 성장 계획을 야심차게 추진하려고 하면 투자자들이 항상 그래 왔듯이 회의적인 반응을 보일 것이라고 추측하는 경향이 있다. 그에 비해 디지털 대기업들은 자금을 댈 수 없을지 모른다는 두려움 때문에 자신들의 야망을 억누르지는 않는다.

대량판매 시장 및 세분화에 대한 믿음. 20세기에 우리의 생활수준이 크게 발전한 것은 대량생산의 결과였다. 많은 사람들이 상품을 구입할 수 있게 된 것이다. 이전의 가내수공업 시대에서 대량생산으로 거대한 세대 교체가 이루어졌다. 20세기에 대량생산과 대량판매 시장은 시장의 세분화로 진화했다. 예를 들어 포드의 일괄적인 모델 T는 GM의 다양한 모델들로 진화했으며, 이후로 모든 자동차 회사들이 제공해왔다.

대부분의 경우 더 낮은 비용으로 고객 환경을 개인화하기 위한 알고리즘이 다시 한 번 기대치를 바꾸고 있다. 알고리즘 덕분에 모든 제품과 서비스에서 각 개인에게 최적화 및 맞춤화된 경험을 저렴한 비용으로 제공할 수 있게 되었다. 대량판매 시장을 점유하기 위해 대량생산의 경제학을 활용해서는 더 이상 경쟁우위를 확보할 수 없다. 특정한 디지털 경쟁업체에 맞서 하나의 시장에서 서비스를 제공하겠다는 목표조차 충분하지 않을지도 모른다. 리더는 고객들과의 모든 접점에서 개인에 맞춤화할 수 있는 요소를 파악하고 적용하는 데 힘써야 한다. 다음 장에서 진실 어린 탐색이 새로운 거대 시장 공간을 만든다는 사실을 보여줄 것이다.

10배, 100배, 1000배의 시장

― Rethinking ―
Competitive Advantage

RULE 1

100배, 1000배의 시장에서 개인화된 고객 경험을 상상하라.

디지털 시대에는 비즈니스 역사상 그 어느 때보다 훨씬 더 큰 기회를 가질 수 있다. 디지털 비즈니스의 리더들은 이러한 잠재력을 인식하고 있다. 빠르게 확장할 수 있는 기회를 찾는 능력이 그들의 DNA에 내재되어 있다. 그들은 현재의 시장 공간보다 10배, 100배, 심지어 1,000배까지 성장할 수 있는 시장을 생각한다.

1970년대 수백만 달러에 팔린 대형 메인프레임 컴퓨터가 기업의 정보를 처리했을 때 빌 게이츠는 모든 사무실 책상과 가정에 컴퓨터가 놓여 있는 세상을 상상했다. 그것이 거대한 시장이 될 것이라고 믿었다. 당시에는 개인용 컴퓨터, 즉 PC가 존재하지 않았지만 기술이 발전함에 따라 소형 반도체 칩이 저렴해지면서 컴퓨팅 성능은 올라가기 시작했다. 산업이 계속 진화한다면 게이츠가 상상한 것도 실현될 수 있지 않을까? 물론 그랬다. 그리고 오늘날 우리 모두는 저렴하고 사용하기 쉬운 컴퓨터를 휴대 전화 형태로 지니게 되었다.

전통적인 소매점들은 영업할 수 있는 권역이 지리적으로 제한되어 있었다. 영업 범위를 넓히는 데는 비교적 오랜 시간과 많은 자본이 필요하다. 하지만 인터넷은 이러한 지리적 경계를 없애버렸다. 아마존, 알리바바, 징둥닷컴, 텐센트, 라쿠텐Rakuten, B2W 그리고 월마트와 같은 거대 디지털 기업의 영업 범위 안에는 사실상 전 세계 72억 명의 인구가 있다. 월마트가 3,370억 달러의 시장가치에 도달하는 데 50년 이상이 걸렸다. 하지만 아마존은 2020년 초반에 9,400억 달러의 시장가치로 월마트의 3배가 되기까지 25년도 채 걸리지 않았다. 그 당시 수익은 제로(0)에서 2,800억 달러로 증가했으며, 2018년부터 2019년까지 단 1년 만에 20% 성장했다.

디지털 거대 기업의 리더들은 무한한 상상력과 전체적인 상황을 고려하는 사고방식이 균형을 이룬다. 그들의 차별화된 사고방식의 핵심은 모든 비즈니스 행위를 소비자 개인에게 초집중한다는 점이다. 소비자들은 그들이 내리는 모든 결정에 영향을 미친다.

첫째, 그들은 통찰력을 얻기 위해 소비자의 행동을 깊이 파고든다. 그리고 알고리즘 기술을 활용하여 소비자의 전반적인 삶의 경험을 어떻게 변화시킬 것인지에 대한 아이디어를 창출한다. 그들은 소비자 경험에 대해 구체적인 비전을 세우고 소비자가 그러한 경험을 좋아하게 될 구체적인 이유를 찾아낸다.

디지털 리더들이 의사 결정을 내릴 때 가장 중요하게 제기하는 질문은, "이러한 결정으로 각각의 소비자들은 어떤 이익을 얻을까?"이다. 리더들은 각각의 소비자를 위해 끊임없이 일하며, 상상해오던 경험을 제공하기 위해 어떤 식으로든 비즈니스 환경을 재구성한다. 리더들이 그러한 환상을 제대로 실현하면 소문은 빨리 퍼지게 마련이고 (인터넷을 통해) 새로운 시장 공간이 급속도로 확장된다. 결과적으로 소비자들은 자신의 행동을 바꾸기도 하고, 새로운 경험에 대한 기대 또한 지속적으로 바뀐다.

연회비를 내면 이틀 안에, 미국 내 어디든 무료 배송을 해준다는 제안은 10여 년 전의 아마존으로서는 위험한 발상이었다. 그러나 제프 베이조스는 고객들이 원할 것이라는 전제하에 이러한 서비스를 시작했고, 회사의 뛰어난 운영 기술과 데이터 및 알고리즘을 사용하여 그러한 제안을 알맞은 비용으로 실행할 수 있는 아이디어를 떠올렸다. 새로운 물류 센터를 어디에 건설해야 하는지, 그것을 초효율적으로 운영하려면 어떤 기술을 어떻게 사용해야 하는지를 알아낸 것이다. 이제 그 아이디어는 유통 분야에서 타의 추종을 불허하는 핵심 역량이 되었다. 전 아마존 임원에 따르면 배송비가 10배 정도 감소했다고 한다.

소비자의 요구를 세세하게, 마무리까지 완벽하게 충족하기 위한 새로운 아이디어는 "우리는 경쟁업체 X보다 더 성장할 것이다" 또는 "우리는 2,000억 달러 매출 달성을 목표로 한다"와 같은 포부만 밝힌 진술보다 훨씬 더 강력하게 다가온다.

오늘날 아마존과 다른 업체들 덕분에 모든 사람들은 빠른 배송과 편리함을 기대한다. 사업체를 상대로 판매하는 회사들도 마찬가지다. 따라서 많은 전통적인 경쟁자들은 변화를 시도하지 않고 방어 태세만을 취할 수는 없다. 다른 누군가가 만들어낸, 빠르게 변화하는 시장 공간에서 경쟁해야 하는 기업들은 불리한 입장에 있다. 우버가 장기적으로 생존하든 그렇지 않든 상관없이, 리프트와 디디추싱과 같은 공유 차량 회사들과 함께 우버는 주요 자동차 회사들이 변화하는 업계의 상황에 적응하도록 강요하고 있는 셈이다. 자동차 제조업체들은 생산 모델의 수를 급격히 줄이면서 일부 지역에서 철수하고 있으며 제조에서 모빌리티로 주안점을 옮기고 있다.

월마트는 이미 활기를 되찾았고, CEO 더그 맥밀런의 지휘 아래 아마존에 대항하여 싸우고 있다. 월마트는 전자상거래 사업을 구축해 오프라인 상점들과 연결하는 방법을 모색해왔다. 브라질에서는 전통적인 소매업체 로하스 아메리카나스Lojas Americanas가 전자상거래 스타트업 B2W를 만들었는데, 나중에 라틴아메리카에 진출한 아마존과 월마트보다 훨씬 앞서 있었다. 두 거대 디지털 기업인 아마존과 월마트(월마트는 인도 전자상거래 대기업 플립카트의 지분 중 과반수를 인수했다)는 인도에서 두 번째로 큰 회사인 릴라이언스 인더스트리스Reliance Industries가 투자한 온라인 스타트업의 도전을 받고 있다. 릴라이언스는 지오마트JioMart를 두 전자상거래 거물들과 동등한 위치에 올려놓기 위해 자사의 정유 사업에서 창출되는 막대한 현금을 투입하고 있다. 2020년에는 세 기업 모두 적자를 보면서 현금을 소비하고 있다.

위대한 경쟁우위를 지닌 리더들의 가장 큰 장점 중 하나는 존재하지 않는 것을 상상하는 능력과, 소비자가 그것으로부터 어떤 혜택을 받을 수 있는지에 집중하는 자질이다. 그들은 소비자 경험과 삶의 경험의 일부분을 개선하는 방법에 집중한다. 더 싸고, 더 빠르고, 더 편리하고, 번거롭지 않아야 한다는 기본전제하에 은행 업무, 검색, 소셜미디어, 쇼핑, 연예오락, 여행 등 인간이 할 수 있는 모든 경험에 적용된다.

이러한 리더들은 회사가 이미 뛰어난 핵심 역량을 갖고 있다 하더라도 새로운 것을 활용하는 데 주저하지 않는다. 그들은 고객들이 어떤 새로운 경험을 원하는지에 대해서만 신경을 쓴다. 특정 산업이나 시장 공간 또는 시장 부문에 국한해서 생각하지 않는다. 실제로 이들은 비전을 실현하기 위해 여러 산업의 활동을 연계하는 경우가 많다.(자세한 내용은 5장 참조)

위대한 마인드 시프트

대부분의 회사들은 여러 유통 경로를 통해 소비자에게 다가간다. 냉장고를 제조하는 회사는 소비자들이 다양한 제품과 모델을 구매하는 베스트바이와 PC 리처드 같은 소매점에 자사 제품을 판매한다. 제조업체들은 대개 소매 판매처를 고객으로 간주한다.

많은 기업들은 가치사슬(기업 활동에서 부가가치가 생성되는 과정―옮긴이)에서 다음 단계에 있는 기업들과 끈끈한 관계를 맺는 방식으로 수십 년 동안 성공을 거두었다. 회사가 고객들이 무엇을 원하는지 알고 그들을 만족시키는 한 비즈니스를 안정적으로 운영할 수 있었다. 그러한 고객들을 빼앗기지 않는 한 사업은 평탄했다.

이제는 그러한 관점이 근본적으로 바뀌어야 한다. 모든 회사는 자신들이 제공하는 제품 또는 서비스를 사용하는 모든 사람들을 궁극적인 고객으로 받아들여야 한다. 이러한 중요한 차이를 강조하기 위해 고객이란 말 대신 소비자나 최종 사용자라는 단어를 의도적으로 사용할 것이다. B2B 또는 산업체도 소매업체나 소비재 제조업체처럼 최종 사용자에게 집중해야 한다.

마이크로소프트는 오랫동안 컴퓨터 제조업체에 자사 소프트웨어를 판매하는 전통적인 B2B 기업이었다. 하지만 사티아 나델라의 지휘 아래 최종 사용자에게 초점을 맞추는 쪽으로 사고방식을 바꾸었다. 마이크로소프트는 여전히 소프트웨어를 기업에 직접 판매하지만, 지금은 다른 관점을 가지고 있다. 그들은 매일 수천 명의 사람들이 자사의 제품을 사용한다는 사실을 인식했고, 마이크로소프트가 소비자를 직접 상대하는 기업이라고 생각했다. 영업팀은 사용자로부터 지속적인 피드백을 수집하고 새로운 니즈를 발견하는 '고객성공' 팀으로 바뀌었다. "우리는 모든 것을 알고 있다"에서 "우리는 사용자가 진정으로 필요로 하는 것을 배워야 한다"로 태도를 수정했다.

이러한 사고방식의 변화는 마이크로소프트의 제품 라인을 바꾸고 회사가 성장하는 데 자극을 주었다. 주요 타깃이었던 PC 시장이 감소함에 따라 마이크로소프트는 모바일 기기, 연결, 협업, 시각화, 지속적인 혁신을 지원하기 위한 제품으로 전환했다. 인공지능(AI), 혼합현실(물리적 세계에 가상현실을 접목), 양자 컴퓨팅 등 3가지 신기술에 투자했으며, 기본적으로 소비자들이 대여하거나 구독할 수 있는 다양한 도구를 만들었다. 최종 사용자를 바라보는 관점을 바꾸자 느린 성장을 하던 마이크로소프트는 완전히 새로운 궤도에 올라섰다.

소비자들을 위한 제품을 직접 만들거나 판매하지 않는 한, 소비자의 마음을 헤아리는 데 시간과 비용을 쓰는 기업은 거의 없을 것이다. 하지만 그 지점에서 바로 행동을 취해야 한다. 기업들이 매우 취약한 그 부분에 엄청난 기회가 있다. 또한 소비자의 불만이 곪아 터지고 일상적인 문제들이 눈에 띄지 않는 곳이다. 이것이 소셜미디어에서 이루어지는 솔직한 대화를 통해, 기업과 리더들이 소비자들의 불만을 파악하고 소비자들이 무엇에 끌리는지 단서를 포착해내는 방법이다. 소비자들이야말로 수년간 기하급수적인 성장을 이끌어낼 수 있는 아이디어의 궁극적인 원천이다.

전통적인 기업의 리더들은 직접적인 경쟁업체의 의사 결정에 집중한다. 그들은 자신들의 비즈니스가 속해 있는 산업 분야를 장악하고 있는 네다섯 개 회사의 시장점유율을 추적하고 회사의 비용 구조, 브랜드 인지도, 유통 공간, 가격 결정력 같은 것들을 분석한다. 또한 경쟁업체들이 만드는 제품이나 서비스를 조금 더 좋게 만드는 데 주요 에너지를 쏟는다. 그들은 제품 중심주의 사고방식을 가지고 있으며, 수요를 촉진하기 위해 대중 마케팅과 주기적인 광고 캠페인에 의존하는 경향이 있다.

경쟁업체를 기반으로 한 산업 분석 교육을 받은 사람들이 사고

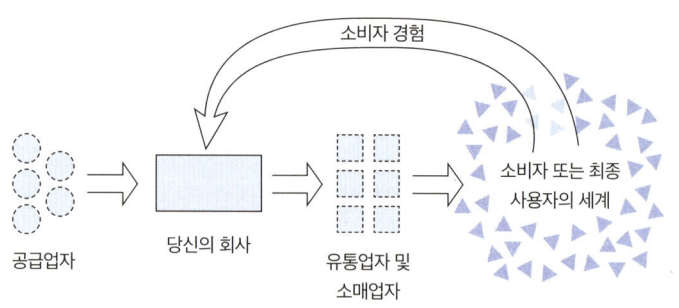

소비자 재유입에 초점

방식을 바꾸기는 어려울 수 있다. 하지만 가치사슬이라는 선형적 구조에서는 관점을 가치사슬의 바로 다음 단계에 있는 고객만을 유치하기 위해 경쟁하는 것에서 최종 소비자를 유치하기 위한 것으로 180도 전환해야 한다.

디지털 대기업들은 소비자의 총체적인 경험과 재유입을 위한 활동에 끊임없이 초점을 맞춘다. 아마존의 제프 베이조스는 본능적으로 혹은 강박적으로 소비자의 관점에서 사물을 바라본다. 그는 소비자의 입장에서 상황을 개선하려고 끊임없이 노력한다.

아마존에서 새로운 사업을 추진하기 위해서는 소비자가 무엇을 얻으려고 하는지를 설명하는 여섯 페이지 분량의 문서를 작성해서 승인을 받아야 한다(아마존은 고객이라는 용어를 사용한다). 작업을 시작하기 전에 보도자료와 일련의 FAQ(자주 묻는 질문)를 작성하여 고객의 관점에서 어떤 이익을 얻을 수 있는지 알아본다. 즉, 어떤 문제를 해결하고 어떤 효과가 있을지(가격 책정, 사용 기술, 실망스러운 점 등)를 생각하는 것이다. 필수 투입 자본 및 예상되는 결과에 대한 계량적 지표는 승인이 마무리될 즈음에 나온다.

소비자에 집중한다는 원칙은 아마존과 같은 온라인 소매업체에 주로 해당하는 것이지만, 알파벳(구글의 모회사), 페이스북, 넷플릭스, 트위터와 같은 모든 디지털 대기업에도 적용된다. 디지털 대기업들의 모든 행위를 주도하는 것은 소비자 경험이지 경쟁이나 핵심 역량이 아니다. **어떻게 하면 더 나은 소비자 경험을 만들 수 있을까?**

경쟁은 오직 소비자 경험과 관련 있는 경우에만 중요하다. 다른 디지털 업체들은 이러한 경험과 소비자의 기대를 어떻게 변화시킬 수 있을까? 베이조스는 "경쟁업체에 집착할지 고객에게 집착할지 결정해야 할 때, 우리는 항상 고객에게 집착하는 쪽을 선택한다"는 말로 자신의 우선순위를 분명히 밝혔다.

기술과 인터넷을 활용해 소비자에게 서비스를 제공하는 수많은 새로운 방법을 찾을 수 있다는 사실을 알면 소비자들에게 집중하는 일이 흥미로워진다. 이제 각 개별 소비자에 대한 데이터(페이스북이 23억 개의 데이터를 소유)를 수집하고 해당 정보를 활용하여 더 나은 서비스를 제공할 수 있다. 나는 이 아이디어를 줄여서 M=1이라고 말하는데, M은 시장을 나타내고 그 안에는 오직 한 사람만 있다는 뜻이다.

마켓 오브 원(한 명을 위한 시장)

M=1은 개인화의 궁극, 말하자면 끝판왕이다. 고객과 주주에게 동시에 막대한 가치를 창출하는 것이 경쟁우위의 근간이다.

1990년대까지만 해도 제프 베이조스는 자신의 회사가 언젠가는 개인의 취향에 따라 쇼핑객에 맞춰 웹사이트를 만들 것이라고 예측했다. 개인이 시청했던 영상 기록에 따른 개인 맞춤 권장 동영상으로 개인에게 구매를 권장하는 방식도 이제는 낡은 것이다. 처음에는 소비자들이 이런 맞춤화에 놀랐지만 지금은 이미 적응해서 당연한 것이 되었다.

디지털 시대에는 맞춤형 환경을 대규모 시장에 맞게 설계한다거나 낮은 비용으로 제공할 수 있다. 이러한 경우 사용자가 세부적인 사항까지 선택할 수 있는 사용자 지정 기능이 항상 좋은 해결책이다. 애플은 소프트웨어 개인화를 실현했다. 회사에서 제공하는 기기는 제한적일 수 있지만, 사용자는 자신이 원하는 기능과 애플리케이션을 선택할 수 있다.

우리는 스타벅스가 고객의 기호에 맞춘다는 사실을 알고 있다. 스타벅스 매장에서는 17만 가지의 음료를 선택할 수 있다. 이제 데이터, 센서, 클라우드, 인공지능을 사용하여 훨씬 더 개인화된 방식으로 고객과 소통할 수 있다. 고객 보상 프로그램에 있는 1,890만 명에게 각각 개인 맞춤 메시지를 보낼 수 있다는 의미다. 어떤 회원은 "당신만을 위해 설계된 이 새로운 메뉴 퀘스트가 맘에 드실 거예요"라는 메시지를 받고, 또 다른 회원은 "오늘 샌프란시스코에는 안개가 낀다고 합니다. 스타벅스의 펌킨 스파이스 라테로 몸을 녹이세요!"라는 메시지를 받을지도 모른다.

스타벅스의 최고전략책임자 맷 라이언Matt Ryan은 회사의 개인화 능력을 구축하는 데 도움을 준 보스턴컨설팅그룹에게 다음과 같이 말했다.

"이전에는 불특정 다수의 고객들에게 이메일을 보냈어요. 이제는 목표에 근접한 자료를 기반으로 더욱 능률적이고 효과적으로 커뮤니케이션을 할 수 있게 되었어요. 따라서 대대적인 할인이라는 달콤한 무기도 쓸 필요가 없죠. 보다 선별적으로 진행하면서 우리와 더욱 밀접한 관련이 있는 것만을 제공하면 됩니다."

기술도 중요하지만 궁극적인 초점은 소비자에게 있다. 스타벅스의 CTO(최고기술책임자) 제리 마틴 플릭킨저Gerri Martin-Flickinger는 "우리가 기술로 구현하는 모든 일은 매장 내 고객 연결, 한 번에 한 사람, 한 컵, 한 동네를 중심으로 이루어지는 인간 연결을 표방합니다"라고 강조한다.

더욱 저렴해진 비용 또한 성공할 수 있었던 요인이다. 지난 수십 년 동안 월마트의 가장 중요한 전략 중 하나는 물류비용을 낮추고 생산성을 높임으로써 많은 저소득층이 상품을 구입할 수 있도록 하는 것이었다. 그것은 사회에 큰 공헌을 하는 일이기도 했다. 월마트의 설립자 샘 월튼은 소비자를 위해 낮은 비용에 초점을 맞춰 회사를 운영했다. 오늘날 디지털 기술과 인터넷을 통해 모든 소비자들이 저비용과 개인화라는 혜택을 '필수적으로' 누릴 수 있게 되었다.

대중적인 매력을 지닌 무언가를 만들어내서 큰 시장을 창출할 수 있는 기존의 대기업은 개인화라는 목표를 완전히 놓칠 수 있다. 관건은 국가나 문화적인 경계를 넘어서서 개인화에 초점을 맞추고 많은 사람들에게 어필할 수 있는 경험을 파악하는 것이다.

많은 사람들에게 어필할 수 있는 개인화된 경험을 상상하기 위해서는 우선 개별 소비자 경험부터 생각해야 한다. 소비자와 직접 대면하지 않는 생산이나 금융과 같은 기능적인 영역에서 경력을 쌓은 사람들에게는 어려워 보일 수 있다. 그러나 일이나 여행을 하면서 또는 친목 활동이나 쇼핑, 병원 진료 등의 일상생활을 하면서 엔드투엔드 경험을 생각해볼 수 있을 것이다.

관찰, 분석, 성찰 및 자신의 개인적인 경험의 조합을 통해, 자동차를 구입하거나 휴가를 가는 등 특정 경험에 대한 모든 것을 알아보자. 어느 지점에서 불편함이나 불쾌함을 느끼는가? 어떤 점이 감동을 주거나 고충을 주는가?

'고객 여정'을 매핑하는(실제로 경험하듯 상세하게 나타내는) 것이 전문 지식으로 떠오르고 있다. 매핑에는 소비자가 새로운 아이디어를 처음 경험하거나 그로 인해 니즈를 인식하는 것부터 구매 후에 발생하는 일에 이르기까지 모든 상호작용과 의사 결정 단계들을 개별적으로 분리해서 파악하는 작업이 포함된다. 몇몇 회사들은 이러한 작업을 수행하며 지속적으로 업데이트하고 개선하는 특별 팀을 만들었다. 피델리티의 PI Personal Investing 부서는 3가지 주요 고객 유형을 매핑하는 데 엄청난 시간과 노력을 들였으며, 이러한 지식을 사용하여 주요 의사 결정을 내린다.(자세한 내용은 7장 참조)

고객 여정 분석이 아무리 정교한 데이터와 방법론이 필요한 일이라고 해도, 여과하지 않고 있는 그대로 고객을 관찰하는 것에는 미치지 못하는 부수적인 작업에 그칠 수도 있다. 소규모 상점 주인들은 가격 책정이나 상품 진열과 같은 전략적 결정을 내릴 때 고객을 지켜보고 그들의 의견을 듣는 것이 매우 중요하다고 말할 것이다. 디지털 시대에도 경쟁우위는 부분적이나마 직접 관찰하고 통찰력을 얻는 능력에 달려 있다.

　기업의 모든 리더와 직원은 소비자들을 직접 관찰하고, 그들이 왜 그런 경험을 하는지 생각해봐야 한다. 왜 사람들은 그런 식으로 행동하는 걸까? 그들이 불만스러워하는 것은 무엇일까? 소비자는 어떤 점이 달라지기를 바랄까? 놓친 점은 무엇일까? 이와 같은 간단한 질문들이 강력한 통찰력을 가져다줄 수 있다.

　다른 사람들이 놓치는 것을 알아차릴 수 있는 '예리한 관찰력'이 발달한 리더들이 더 나은 소비자 경험을 잘 포착할 수 있다. 그들은 소비자들이 필요한지조차 몰랐던 것들을 상상한다. 애플의 스티브 잡스는 이러한 일에 능한 것으로 유명했다.

　나는 전 세계 거의 모든 산업 분야의 고위 경영진들과 함께 일하면서 상위 기업의 임원들 상당수가 예리한 지각 능력이 턱없이 부족하다는 사실을 알게 되었다. 지난 50년 동안 그들의 집이나 편안한 장소에서 비공식적인 만남을 가져본 결과 그들의 우선순위와 관심사와 기술들이 무엇인지를 명확하게 알 수 있었다. 그러나 그들은 소비자의 엔드투엔드 경험을 완전히 이해하지 못했다.

　씨어리Theory와 유니클로 같은 브랜드를 보유하고 있는 일본의 의류 회사 패스트리테일링Fast Retailing의 CEO 야나이 다다시는 소비자를 진정으로 관찰할 수 있는 사람들을 직접 찾기 위해 전 세계를 샅샅이 뒤진다. 그는 이러한 사람들을 불러 모아서 소비자 인류학자로서 현장에 나가 그들의 관찰 결과를 공유했다. 비교적 젊고 경험이 부족한 직원들이 수집한 집단적 통찰력은 최고 수준의 의사결정을 이끌어냈다. 야나이 다다시는 소비자에 대한 탁월한 본능을 가지고 있으며, 그의 집중력과 코칭은 소비자를 관찰하는 예리한 지각 능력과 정확성을 중시하는 문화를 육성하고 있다.

키쇼르 비야니Kishore Biyani는 인도의 월마트라고도 불리는 빅바자르Big Bazaar 하이퍼마켓 체인을 거느린 인도 최대 소매업체 중 하나인 퓨처그룹Future Group의 설립자이자 CEO이다. 그는 또한 인도에서 가장 큰 의류 체인 판탈룬Pantaloons을 설립했다. 그는 소매점 왕국을 이끌고 있음에도 불구하고, 소비자들을 직접 관찰하는 것에 주안점을 둔다. 그는 이렇게 말했다. "저는 일주일에 두 번 현장에 나갑니다. 상점에 가서 사람들을 관찰하죠. 그들은 장바구니에 무엇을 담고 있을까?"

작은 마을의 소녀들이 청바지를 입고 절에 간다는 것을 알았을 때, 그는 사회적 변화가 일어나고 있다는 사실을 깨달았다. 젊은 쇼핑객들은 서양식 의류를 더 잘 받아들이는 것 같았다. 새로운 행동이 나타난다는 것은 소녀들이 존중과 독립성을 얻을 수 있는 문화가 조성되고 있으며, 이것이 그들의 구매 결정에 더 많은 영향을 미칠 수도 있음을 암시한다. 비야니는 아날로그 세계에서 자신의 예리한 지각 능력을 발전시켰는데, 디지털 시대에 더욱 큰 진가를 발휘했다.

소비자 경험을 개선하거나 완전히 혁신할 수 있는 방법이 무엇인지를 생각할 때, 회사가 그에 대비해서 어떤 준비를 하고 있는지 신경 쓰지 마라. 적어도 아직은 말이다. 회사가 이미 잘하고 있는 것, 즉 핵심 역량에 집착하면 틀림없이 상상력이 제한될 것이다.

거의 40년 동안 대부분의 기업들은 핵심 역량을 키우기 위해 프라할라드, 게리 하멜, 크리스 주크Chris Zook 등이 옹호하는 원칙을 따랐다. 그것은 미래보다 과거를 돌아보는 데 초점이 맞춰져 있기 때문에 지금의 상황과 맞지 않는다. 디지털 대기업들은 빠르게 변화하는 소비자 행동과 소비자 권력의 세계에서는 어제 당신이 한 일이 별 의미가 없다는 점을 확인시켜 주었다. 자신들의 핵심 역량이 소비자의 변화하는 요구나 취향과 멀어질 때 기업들은 허우적거린다. 그렇지 않은 기업들은 소비자들이 원하게 될 것을 미리 알아보고, 디지털 기술을 사용해 이전에는 불가능했던 것을 할 수 있다고 믿기 때문에 성장한다.

비록 회사가 소비자의 요구를 들어줄 역량이 부족하더라도 일단 인식하고 있으면 이러한 역량을 찾거나 구축하기 위한 노력을 가속화할 수 있다. 적어도 당신은 산업이나 가치사슬에 어떻게 금방 영향을 미칠 수 있는지, 당신이 잘 적응할 곳은 어디인지, 그리고 무엇을 바꾸어야 할지 예상할 수 있을 것이다.

100배 이상의 시장을 찾아라

지금까지 만났던 전통적인 기업의 리더들은 지금보다 큰 시장을 생각해내지 못했다. 그들은 점진적인 개선에 만족하는 경향이 있다. 하지만 그렇게 해서는 안 된다.

완전히 새로운 시장 공간을 만드는 한 가지 방법은 기존 산업들의 조각을 결합하는 것이다. 소비자가 진정으로 원하는 경험은 개별 활동이 원활하고 투명하게 연결되는 것이다. 그렇다면 소비자가 원하는 경험이 좌절되는 지점은 어디일까? 어느 지점에서 제품들을 함께 묶어야 할까? 회사는 새로운 생태계를 조성하여 새로운 요구를 충족하고 기대치를 높이는 방식으로 소비자 경험을 변화시킬 수 있을까?

여기에는 알맞은 질문을 던질 수 있는 호기심, 상상력이 결합된 예리한 관찰, 그리고 소비자들의 질문에 답하기 위한 비즈니스와 알고리즘 기술에 대한 기본 지식이 필요하다. 100배 이상의 시장을 찾는 데 필요한 기술과 지식, 상상력이 한 사람에게서 나와야 하는 것은 아니다. P&G의 전 CEO 앨런 조지 래플리가 말했듯이, 아이디어는 어디에서나 나올 수 있다. 유명 컨설팅 업체 맥킨지앤드컴

퍼니는 다양한 그룹의 사람들이 새로운 기회를 찾아내기 위해 브레인스토밍을 하는 해커톤Hackathon(팀을 이뤄 마라톤을 하듯 긴 시간 동안 시제품 단계의 결과물을 완성하는 대회-옮긴이)을 활용하기 시작했다.

궁극적으로 100배 이상의 시장 공간은 기술을 사용하여 혁신할 수 있고, 데이터를 사용하여 맞춤화하고 지속적으로 개선될 수 있으며, 여러 지역에 점점 더 낮은 비용으로 제공됨에 따라 결국 많은 현금을 창출할 수 있는 소비자 경험으로 자연스럽게 연결되어야 한다.

투자 은행가들은 가치사슬의 일부를 연결 또는 해제하거나(수직적 통합), 기업들을 합병하여 산업 내에서 통합(수평적 통합)함으로써 수익을 크게 개선한다. 일반적으로 비용을 줄이거나 가치사슬에서 가장 수익성이 높은 부분을 제어하기 위한 이러한 움직임은 통찰력이 필요하지만 이미 존재하는 것들을 재배치하는 것일 뿐이다.

디지털 시대의 리더들은 더 어렵지만 더 신나는 도전에 직면한다. 아직 존재하지 않지만 많은 소비자들이 필요하다고 느낄 수 있는 무언가를 창조하는 것이다. 애플은 지금까지 19억 대의 단말기를 판매했고, 사용자 수는 훨씬 더 많다. 넷플릭스는 2020년 1월 현재 전 세계적으로 1억 6,700만 명의 가입자를 보유하고 있으며 사용자 수는 그보다 더 많다. 인도에서는 현재 약 5억 명이 휴대전화를 사용하고, 인도의 통신 서비스 제공업체 지오Jio에 의해 촉발된 극도로 저렴한 요금 덕분에 전자상거래가 시작되고 있다. 공격적으로 큰 숫자들을 추구하는 이유는 나중에 매출총이익이 기하급수적으로 상승할 때 이익이 실현될 것이라고 가정하기 때문이다. 경쟁은 그 상승세에 더 빨리 도달하기 위해서 필요할 뿐이다.

어떤 경험을 제공할 것인지 결정하는 것은 부분적으로 새로운 시장이 실제로 얼마나 클 수 있는지에 달려 있다. 인터넷은 지리, 문화, 정치의 경계를 즉각적으로 넘나들 수 있다. 디지털 기술을 이용하면 소비자들에게 엔드투엔드 경험을 제공하는 데 드는 증분비용을 거의 제로에 가깝게 만들 수 있다. 현금지급기처럼 현금 공급이 원활해지고 그 현금은 시장을 더욱 확대하는 데 사용할 수 있다.

상상력을 확장하는 한 가지 방법은 거시적인 관점에서 사물을 보는 것이다. 아마존을 예로 들어보자. 2017년 아마존의 매출액은 약 2,200억 달러였다. 그러한 거대 디지털 기업이 성장할 여지가 얼마나 될까? 전 세계의 총소비 금액이 약 25조 달러라는 점을 생각해보라. 전 세계 사람들이 1년에 구입하는 모든 금액의 합계이다. 2017년 온라인 구매는 총 2조 5,000억 달러로 총소비 금액의 약 10%를 차지했다. 온라인 판매의 비중은 증가할 것으로 예상된다. 전자상거래가 전체 소비의 10~20%로 성장한다면 약 5조 달러의 시장이 된다. 이러한 관점에서 보면 아마존은 이제 막 시작 단계에 있는 것이다.

이런 식의 큰 그림을 그리는 것은 아마존만이 아니다. 어도비, 넷플릭스, 마이크로소프트 그리고 다른 대형 전자상거래 업체도 마찬가지다. 이러한 거대 기업들 사이의 경쟁이 가열되면서, 그들은 더 느리고 덜 야심적이고 덜 공격적인 전통 기업들을 압박할 것이다.

리더들에게 하고 싶은 충고는, 팀이나 다른 전문가 그리고 동료들과 상의하여 새로운 아이디어를 모색하라는 것이다. 알고리즘으로 고객을 탐지해내는 능력을 갖춘 사람을 최소한 한 명 포함해서 과거의 관행으로 되돌아가지 않을 젊은 사람들로 소규모 그룹을 만들어라. 향후 10년 동안 지속될 가능성이 높은 새로운 동향을 파악하라. 인구통계학적 변화는 일단 진행되면 막을 수 없으며 특정 기술 혁신은 예측하기 어렵겠지만, 기술과 컴퓨팅 속도 및 혁신의 일반적인 방향은 그렇지 않다. 예를 들어 인공지능이 더욱 발달하고 적용됨에 따라 의학이나 재료과학 같은 분야에서 혁신이 가속화될 수 있다.

가격 격차 파악

현재 가치사슬의 어디에서 일하든 간에, 소비자에게 초점을 맞추는 것은 회사에 큰 기회를 안겨주고 타사에게는 잠재적 혼란을 안겨줄 만한 것을 발견하는 데 매우 중요하다. 이것은 가격 격차를 의미한다. 디지털 기술이 창조적으로 적용될 수 있는 가격과 기존 가격의 차이 말이다. 산업계는 누군가가 소비자의 이익을 위해 그 격차를 이용할 수 있는 방법을 발견했을 때 뒤집힌다. 오른쪽은 가격 차이를 찾을 수 있는 일반적인 다이어그램이다.

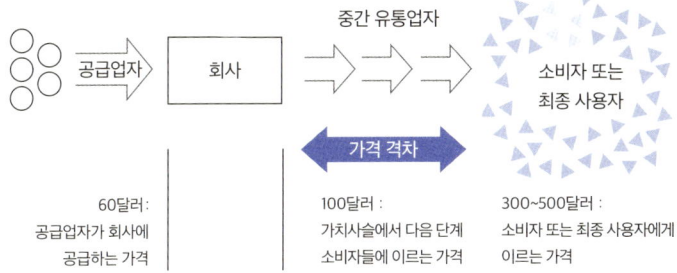

회사에서 소비자에 이르기까지 상당한 가격 격차

　출판사는 책 한 권을 제작하는 데 7달러의 비용이 들고, 반스앤드노블Barnes & Noble 같은 소매업자는 그 책을 30달러에 판다고 하자. 여기서 가격 차이는 23달러다. 아마존의 베이조스는 그러한 틈새를 기회로 본다. 아마존의 디지털 플랫폼에서 소비자들은 책을 쉽게 구입할 수 있고, 책은 '고객 주문 처리 센터'에서 소비자의 집으로 직접 발송된다. 아마존은 제품이 창고와 유통업체에서 멀리 떨어진 소매점으로 옮겨 가는 단계를 없앰으로써 비용을 몇 퍼센트 줄일 수 있었다.

　이 가격 차이가 바로 기회다. 하지만 디지털 세계에서는 소비자의 혜택이 복합적이다. "더 빠르고, 더 싸고, 더 편리하다"는 캐치프레이즈는 디지털 방식으로 활성화된, '소비자 직접 판매direct-to-consumer' 모델이 소비자에게 제공하는 여러 장점을 설명할 때 자주 사용되는 말이다. 이것이 20년 전 전통적인 서점들을 제치고 아마존이 그렇게 빠르고 맹렬한 기세로 선두를 차지할 수 있었던 이유이며, 그 이후로 다른 여러 범주들에 적용되어온 공식이다.

디지털 기업은 최종 사용자와 직접 연결하기 위해 할 수 있는 모든 작업을 수행한다. 전자상거래 기업가들은 매트리스 브랜드 캐스퍼Casper와 여행 가방 브랜드 어웨이Away부터 해리스Harry's 면도기와 봄바스Bombas 양말에 이르기까지 모든 분야에서 소비자 직접 판매의 틈새를 서둘러 채우고 있다. 중간 유통 단계를 제거하면 비용이 절감된다. 소비자들은 더 많이 선택할 수 있고 훨씬 더 편리할 뿐만 아니라 더 싼 가격으로 살 수 있기 때문에 이득이다. 가장 크게 성공한 기업들은 생태계 내의 모든 파트너들도 초과 비용을 없앰으로써 전반적인 소비자 경험을 개선한다.

마켓스페이스에서의 경쟁

새로운 마켓스페이스(시간과 지리적 제약을 받지 않는 시장—옮긴이)를 만들면 다른 회사들도 당신이 만든 게임에 참여할 수밖에 없다. 당신 회사가 더 만족스러운 엔드투엔드 소비자 경험을 구축했다면 다른 회사들도 거기에 맞춰야 한다. 그들이 경쟁에 뛰어들면 전체 마켓스페이스가 확장되게 마련이다. 예를 들어 디즈니가 디즈니플러스를 출시한 이후 스트리밍 서비스의 총가입자 수와 총사용량이 증가한 것과 마찬가지다.

물론 새로운 경쟁사들이 다른 여러 가지 기능을 가지고 소비자의 기대를 다시 변화시킴으로써 게임을 재정의할 위험성도 있다. 예를 들어 오늘날 거대 디지털 소매업체들이 지배하고 있는데도 불구하고, 변화의 파장은 여전히 가라앉지 않고 있다. 아마존은 온라인상에서 열렬히 입지를 넓히고 있는 월마트 때문에 오프라인 상점들로 실험을 하고 있다. 캐스퍼나 어웨이 같은 전자상거래 스타트업들은 소비자들이 자신들의 제품을 직접 만지고 느낄 수 있도록 일부 도시에 점포를 열었고, 해리스는 인터넷 쇼핑을 싫어하는 고객들에게 다가가고자 대형 소매점 타깃Target에서 면도기를 판매하고 있다.

비디오 스트리밍 업체들의 장점이 있는 반면, 대형 경쟁업체들은 서로 다른 자산을 조합할 수 있다. 디즈니는 디즈니플러스 비디오 서비스를 테마파크, 책, 장난감, 디지털 게임 그리고 그들의 캐릭터와 이야기들로 만들어진 앱과 결합할 수 있다. 워너미디어는 영화 스튜디오와 HBO를 갖고 있으며, 애플은 각종 기기와 소프트웨어를 가지고 있는 반면, 넷플릭스는 순수하게 스트리밍 서비스만을 제공한다. 그러나 결정적인 의문점은 여전히 남아 있다. 소비자가 선호하는 경험은 과연 무엇일까?

신규 업체가 가격에도 영향을 미칠 수 있다. 디지털 이전 시대에는 신제품 시장이 성장하는 데 몇 년이 걸렸다. D램(시간이 흐름에 따라 데이터가 소멸되는 메모리―옮긴이)을 예로 들어보자. D램은 한때 완전히 새로운 마켓스페이스를 창출한 발명품이었다. 시간이 지남에 따라 경쟁사들이 진입하고, 공급이 수요를 앞지르고, 산업 전체가 상품화되면서 수익성은 곤두박질쳤다. 스트리밍 전쟁은 공급이 수요를 앞질러서 가격 하락과 수익성 하락이 초래될 가능성이 있다. 일부 디지털 시장은 확대된 만큼 수익성이 빠르게 떨어질 수 있다. 인도의 전자상거래가 대표적인 예이다. 최근에는 아마존, 플립카트, 릴라이언스 인더스트리스, 세 디지털 업체들이 확장세를 주도하고 있다. 릴라이언스는 휴대폰 회사 지오와 대형 소매 체인을 소유하고 있다. 2020년 초에는 자사의 전자상거래 사이트 지오마트를 출범했다. 알리바바는 인도에서도 영향력이 커지고 있다.

세계를 지배하기 위한 경쟁에서, 인도는 거대 기업들의 중요한 전쟁터가 되었다. 휴대폰을 사용하는 인도인들이 증가하는 추세에 따라 편리하고 매력적인 온라인 쇼핑 경험을 제공하기 위해 많은 업체들이 공격적인 비즈니스를 펼침으로써 시장 공간은 확장될 것이고, 고객을 끌어들이기 위한 싸움은 더욱 치열해질 것이다. 이러한 기업들은 고객을 획득하는 데 비용이 많이 들지만, 이것이 절대적으로 중요하며 당분간 수익이 실현되지 않을 수 있다는 사실을 잘 알고 있다.

거대 기업들은 저마다 우세한 점을 찾고 있는 중이다. 예를 들면 아마존은 작은 마을에 새로운 사용자들이 많이 살고 있다는 사실을 인식하고, 아마존의 웹사이트를 검색할 수 있는 장소를 인도 전역에 1만 5,000개 설치했다. 배터리 소모를 줄이기 위해 모바일 앱을 단순화하고, 인도에서 가장 많이 쓰이는 힌두어로 앱을 만들었다.

인도에서 급부상한 플립카트는 2007년 2명의 전직 아마존 직원들이 설립했다. 플립카트는 인도 최대의 전자상거래 회사가 되기 위해 소프트뱅크 비전펀드에서 25억 달러를 투자받는 것을 포함해 여러 차례 기금 마련을 했다. 그 후 월마트는 플립카트의 지분 77%를 160억 달러에 인수했다. CEO 더그 맥밀런은 이것이 급성장하는 시장에 진입할 수 있는 가장 빠른 방법이라고 여겼던 것이다. 월마트는 인도에서의 사업에 박차를 가하기 위해 브라질과 영국에서 철수했다.

예상치 못한 세력인 인도 정부가 개입했을 때 가격 전쟁은 이미 발발한 상태였다. 소규모 판매업자들의 압력으로 정부는 외국 기업의 재고 보유를 제한했다. 다른 나라의 기업들도 엄선된 고객들을 위한 할인과 배타적인 특권을 제공하는 관행을 중단해야 했다. 이 새로운 규정으로 인해 게임의 승패는 릴라이언스의 신규 개발 사업 쪽으로 기울었다. 이 사업은 인도 전역에 널리 퍼져 있는 소규모 영세 상점들을 연결하는 데 초점을 맞추고 있다.

이러한 상점들은 인도의 시장 확대에 박차를 가하고 있다. 인도의 전자상거래 매출액은 2017년 390억 달러에서 2020년 1,200억 달러로 연평균 51%의 성장률을 기록했다. 누군가는 그러한 확장으로 모든 전자상거래 업체들이 이익을 얻을 것이라고 주장한다. 그러나 고객들이 어느 쪽으로 치우칠 것인지, 디지털 거대 기업들 간의 치열한 경쟁이 시장 전반의 수익성을 떨어뜨릴지는 오직 시간만이 말해줄 것이다.

매일 각각의 고객에게 언제 어디서나 수십억 번이라도 서비스를 제공하기 위해서는 무엇이 필요할까? 알고리즘이다. 다음 장에서는 인공지능과 머신 러닝(기계 학습, 학습하는 컴퓨터를 실현하기 위한 기술-옮긴이) 알고리즘의 디지털 플랫폼이 이제 모든 기업이 갖춰야 할 경쟁우위의 핵심이 되는 이유를 보여줄 것이다.

디지털 플랫폼 중심의 비즈니스

―― Rethinking ――
Competitive Advantage

RULE 2

알고리즘과 데이터는
경쟁의 필수 무기다.

알고리즘과 데이터를 비즈니스에 중점적으로 활용할 준비가 되어 있지 않다면 개개인과 각각의 규모에 맞춘 뛰어난 엔드투엔드 환경을 절대 만들 수 없다.

오늘날의 모든 거대 디지털 기업들은 데이터 수집 및 처리를 위해 일련의 알고리즘이 서로 연결된 디지털 플랫폼을 가지고 있다. 이들은 단순한 버전의 디지털 플랫폼으로 시작해서 시간이 지남에 따라 플랫폼의 기능을 향상시켰다.

마윈은 컴퓨터 과학이나 소프트웨어 개발 경험 없이 디지털 정보를 수집, 처리, 전송하기 위한 알고리즘을 기반으로 알리바바를 창업했다. 1997년 마윈은 인터넷을 이용해서 수수료를 징수하는 방식으로, 산업재 구매자와 공급자들이 쉽게 거래할 수 있는 방법을 모색했다. 17명으로 구성된 신생 팀에는 컴퓨터 과학과 자바 프로그래밍 기술을 가진 소프트웨어 엔지니어, 컴퓨터 프로그래머들이 포함되어 있었다. 알리바바는 제로에서 시작해 2019년 4,500억 달러의 시장가치에 이르는 기하급수적인 성장을 이뤘는데, 디지털 플랫폼을 개선하고 전자상거래 티몰TMall과 전자결제 알리페이Alipay와 같은 플랫폼을 기반으로 사업을 하고 있다.

디지털 플랫폼 자체가 지속적인 경쟁우위는 아니다. 하지만 기업이 플랫폼으로 할 수 있는 모든 것을 감안할 때 디지털 플랫폼을 보유하지 않는 것은 경쟁열위에 해당한다. 디지털 플랫폼은 생태계를 융합하고, 수많은 소스로 오가는 데이터를 수집하고 분석하며, 맞춤화된 엔드투엔드 소비자 경험을 제공할 수 있다. 그것을 통해 새로운 수익 모델을 창출하고, 소비자 행동의 패턴을 파악하여 효율성과 성장을 예측할 수 있다.

디지털 기능 대 디지털 플랫폼

일부 기존 회사의 리더들은 자사가 디지털 기능을 구축하고 있다고 섣불리 자랑한다. 내부 의사 결정 과정, 시장 진출 활동 또는 공급업체와의 연결을 개선하기 위해 다양한 종류의 알고리즘을 사용하고 있다는 것이다. 그러한 노력을 통해 비용을 절감하고 오프라인 상점에서 줄어든 매출을 일부 충당할 수 있지만 디지털 거대 기업들이 거둬들이는 이익에는 크게 못 미치는 단편적인 수준에 불과하다.

예를 들어 시장을 계속 확장하고 있는 아마존에 대처하기 위해, 메이시스나 JC페니와 같은 백화점 체인들은 고객들이 온라인 쇼핑을 할 수 있는 웹사이트를 만들었다. 그들의 전자상거래 사업은 기본적으로 자신들의 핵심 사업과 결합되어 있다. 소매상들은 그러한 방식으로 어느 정도 추가적으로 제품을 팔 수 있었지만 기존의 유통 방식을 고수했으며 결과적으로는 소비자의 경험을 근본적으로 바꾸지는 못했다. 그들의 수익 모델은 근본적으로 똑같고 이윤은 쪼그라들어 문을 닫는 일이 반복되었다.

많은 전통적인 오프라인 소매상들은 점점 줄어드는 매출에 고군분투하다 문을 닫는다. 그동안 플랫폼을 기반으로 하는 기업들은 온라인을 오프라인 매장과 연계하기 시작했다.

아마존과 월마트 둘 다 소비자들에게 가장 적합한 서비스를 하기 위해 온라인과 오프라인을 조합하는 실험을 하고 있다. 캐스퍼, 어웨이, 해리스 같은 소규모 전자상거래 회사들은 오프라인 매장을 가지고 있다.

오프라인 매장을 가지고 있든 그렇지 않든 간에 데이터와 디지털 플랫폼을 통해 고객에게 서비스를 제공하고 수익을 창출해야 한다. 이제 전통적인 기업들은 결정을 내려야 한다. 디지털 플랫폼을 단편적으로 또는 한꺼번에 구축하거나, 월마트가 젯닷컴을, 디즈니가 훌루를 사들인 것처럼 사업체 하나를 인수하거나, 많은 소규모 소매업체들과 일부 대형 소비재 회사들처럼 쇼피파이Shopify와 같은 타사 플랫폼을 사용할지 말이다.

필요한 기술을 획득하기가 점점 더 쉬워지고 비용이 적게 들기 때문에 그것은 더 이상 장벽이 되지 않는다. 새로운 시스템을 구축하기 위해 처음부터 수많은 기술자를 고용할 필요는 없다. 알고리즘을 구입하고 분해하여 모방할 수 있으며, 컴퓨팅 파워, 데이터 스토리지 및 심지어 알고리즘 기능도 클라우드에서 구할 수 있다.

2013년 싱가포르 DBS 은행의 CEO 피유쉬 굽타는 알리바바와 같은 디지털 회사들이 얼마나 빨리 온라인 결제와 대출을 장악했는지 지켜보면서 DBS도 바뀌어야 한다는 사실을 깨달았다. 은행은 더 많은 중소기업들에게 서비스를 제공해서 수익을 늘릴 수 있지만, 디지털 사업자들이 거둬들이는 이익의 근처에도 가지 못할 것이다. 굽타는 DBS가 디지털 플랫폼을 구축하고 그것을 비즈니스의 중심에 두어야 한다는 결론을 내렸다. "단순히 많은 앱을 가진다는 의미가 아닙니다. 기술 아키텍처(컴퓨터 시스템 전체의 설계 방식―옮긴이)를 다시 생각하고 있는 것입니다"라고 설명했다.

굽타는 자신의 연로하신 부모님조차 인터넷에 얼마나 빨리 적응했는지 지켜봤으므로, 회사 사람들도 변화할 수 있다고 믿었다. 강력한 변화를 위해 그와 팀은 준거 틀 자체를 바꾸었다. 그들은 은행이 아닌 기술 기업의 조직에 대해 이야기를 나누고 자신들을 세계 최대의 투자은행 모건스탠리와 같은 금융 회사 대신 첨단 기술 회사에 비유했다.

UST 글로벌 CEO 크리슈나 수딘드라는 국부펀드 모임에서 굽타에게 방금 당신의 경쟁자들과 이야기를 나누고 있었다고 말했다. "그래요? 어떤 분들이죠?"라고 굽타가 물었다. 수딘드라는 "씨티그룹과 뱅크오브아메리카BoA 사람들요"라고 대답했다. 굽타는 재빨리 그의 말을 정정했다. "그들은 우리의 경쟁자들이 아닙니다. 우리의 경쟁자는 구글, 아마존, 알리바바, 텐센트입니다."

2018년 세계적인 금융 경제 전문 매체 〈글로벌 파이낸스Global Finance〉는 DBS를 '세계 최고의 은행'으로 선정했다. 지난 1년간의 실적과 평판, 관리 효율성 및 디지털 혁신 리더십을 비롯한 기타 기준에 따라 선정한 것이었다. 같은 해 금융 전문지 〈유로머니Euromoney〉는 DBS를 '세계 최고의 디지털 은행'으로 선정하고 DBS가 디지털 회사로 평가받기 시작했다고 언급했다.

다른 회사의 리더들은 주목해야 한다. 이제 제품의 생산 및 공급 과정과 기업의 자금 흐름을 이해하는 것만큼이나 비즈니스 중심에 있는 디지털 플랫폼의 힘을 이해하는 것이 필수다.

디지털 플랫폼의 진정한 의미

디지털 플랫폼은 데이터를 수집하고 분석하는 알고리즘의 집합이다. 각 알고리즘은 문제 해결을 위한 단계별 순서이다. 이것은 우리 두뇌가 자동으로 처리하는 방식의 소프트웨어 버전이라고 생각하면 된다. 인간은 받아들이는 데이터를 어떤 조잡한 형태로든 저장해서 예측과 같은 의사 결정을 할 때 사용한다.

예를 들어 내가 어렸을 때 우리 가족은 인도에서 신발 가게를 했는데, 신발이 얼마나 팔릴지 수요를 예측해야 했다. 사계절이 있는 인도는 장마철에 가장 예측하기 어렵다. 대체로 장마 기간에 열리는 한 축제 때 가장 많이 팔렸는데 결혼식이 많이 열리는 기간에도 상당한 수요가 있었다. 우리는 몇 켤레의 신발을 구입할지, 어떤 크기와 색깔을 고를지 결정해야 했다. 재고를 쌓아두면 습기 때문에 썩으면서 냄새가 나기 때문에 지나치게 많이 사놓는 것은 어리석은 짓이었다. 또한 차입 비용이 일반적으로 연간 24%이므로 재고로 인해 현금이 묶일 수도 있었다.

컴퓨터는 말할 것도 없고 라디오나 신문도 없는 상태에서, 우리는 자전거를 타고 6.6킬로미터 떨어진 마을까지 가서 농작물의 상태를 확인하고 장마 시기와 기간을 추측했다. 우리의 두뇌를 이용해서 과거의 데이터를 가지고 여러 요인이 발생할 확률을 예측했다. 나와 형제들은 누가 더 정확하게 예측하는지를 두고 경쟁했다.

시간이 지날수록 데이터가 증가함에 따라 우리의 예측은 점점 나아졌다.

그런 식으로 우리는 베이즈 정리Bayes' Theorem를 실천하고 있었다. 베이즈 정리는 1763년 토머스 베이즈 목사가 창안한 수학 법칙으로, 오늘날 대부분의 디지털 플랫폼에 사용되고 있다. 과거 데이터를 가지고 발생 확률을 계산하고 새로운 정보를 통합하면 앞으로 발생할 사건의 확률을 예측할 수 있다. 이것은 예측을 위한 모든 수학적 모델에 사용되며 갤럽 여론 조사의 핵심이다.

알고리즘은 이제 기계적인 단계를 넘어섰다. 인공지능을 통해 문자와 이미지의 패턴 인식, 추론, 대안적 대응 비교 등 더욱 복잡한 사고 과정을 복제할 수 있다. 인공지능의 부분 집합이라고 할 수 있는 머신 러닝은 작업 수행 경험을 기반으로 자체 출력을 향상하는 알고리즘을 말한다. 이러한 알고리즘은 음성 인식 및 온라인 사기 탐지 등에 사용된다.

요점은 알고리즘의 플랫폼이 보이는 것처럼 신비롭지 않다는 것이다. 사업가들은 알고리즘을 만들어낼 필요가 없으며, 다만 그것이 무엇이고 그것으로 무엇을 할 수 있는지만 알면 된다. 그러면 과거에 할 수 없었던 것을 지금은 할 수 있다는 믿음을 가지게 될 것이다.

'구글을 이용하세요.' 1990년대 후반 공동 창업자 래리 페이지와 세르게이 브린은 검색엔진을 구동하는 페이지랭크PageRank 알고리즘을 개발했다. 그때까지 인터넷 검색은 문맥에 상관없이 검색어가 나타나는 횟수를 기준으로 결과를 제공했다. 페이지랭크는 디킨슨 대학교 컴퓨터 공학 부교수인 존 맥코믹John MacCormick의 표현대로 항목의 다른 페이지 링크와 해당 페이지의 품질 또는 '권한'에 따라 결과를 분류한다. 페이지랭크는 기존보다 더 관련성이 높은 검색 결과를 생성했으며, 구글은 경이적인 성공의 열쇠를 거머쥐었다.

알고리즘을 지속적으로 결합하고 세분화하면 기업이 경쟁우위를 확보하는 데 도움이 된다. 구글은 수시로 조금씩 개선하거나 이따금 획기적인 개선으로 알고리즘을 지속적으로 변화시키고 있다. 구글 웹사이트에 따르면 2018년에는 구글 검색에서 3,234개 사항이 개선되었다고 한다. 그리고 2019년 10월, 10개의 문의 사항 중 1개꼴로 더 나은 결과를 내놓을 것을 약속하는 새로운 알고리즘을 발표했다. 롭 코플랜드Rob Copeland가 〈월스트리트저널〉에 보도한 대로, 구글은 "혼동을 일으키는 복잡한 검색 질의와 질문에 더 나은 답을 도출하기 위해 고급 머신 러닝과 수학적 모델링을 활용해서 현재의 알고리즘을 만들어냈다." 구글은 트랜스포머의 양방향 인코더 표현, 또는 버트Bert라고 불리는 최첨단 딥러닝 모델이 5년 만에 가장 크게 개선되었다고 발표했다.

아마존의 알고리즘은 끊임없이 개선되었다. 초기에는 MIT 미디어랩(세계적인 미디어 융합 기술 연구소— 옮긴이)에서 개발한 소프트웨어를 사용했다. 고객들이 수십 권의 책을 평가해야 이를 바탕으로 알고리즘이 다른 책 몇 권을 추천했다. 그러나 브래드 스톤Brad Stone

이 《아마존, 세상의 모든 것을 팝니다The Everything Store》에서 설명한 것처럼 설립자인 제프 베이조스는 이 과정이 소비자들에게는 너무 번거로운 작업이라고 생각했다. 그래서 회사의 몇몇 컴퓨터 과학자들에게 더 나은 방법을 생각해내라고 요청했다.

몇 주 안에 그들은 고객들이 어떤 책을 구입했는지에 따라 추천하는 알고리즘을 만들었다. 이는 고객에게 개별화된 서비스를 제공하는 초기 사례이다. 스톤이 썼듯이, 시밀래리티즈Similarities(유사성)라 불리는 그 알고리즘은 "아마존의 어마어마한 개인 맞춤화 활동으로 성장해나갈 씨앗"이었다. 이후 아마존은 수년 동안 컴퓨터 과학자들의 비중을 크게 늘여왔으며, 이들은 지속적으로 알고리즘을 만들고, 다듬고, 향상시켜왔다.

알고리즘은 소유주가 없다. 오늘날 어떤 회사든 알고리드미아Algorithmia와 같은 회사들에서 제공하는 알고리즘을 사용할 수 있다. 이제 데이터를 저장하고 처리하는 데 필요한 컴퓨팅 성능을 클라우드에서 가변비용(생산량에 따라 변동하는 비용—옮긴이)으로 사용할 수 있다. AI 연구원들이 일반 기업에서 일할 때도, 그들 중 일부는 다른 컴퓨터 과학자들과 자신들의 연구를 공유한다. 그들은 고용 조건으로 적어도 알고리즘의 일부를 공개할 것을 요구한다. 이러한 발전은 이른바 컴퓨터 과학의 민주화를 주도하고 있다.

한 기업의 경쟁력은 기술 자체뿐만 아니라 알고리즘과 데이터의 선택에도 달려 있다. 넷플릭스는 차별화하기 위해 더 이상 스트리밍 기술에만 의존하지 않는다. 디즈니가 디즈니플러스에서 했던 것처럼 스트리밍 능력은 구축할 수 있다. 디지털 플랫폼 자체도 마찬가지다. 몇몇 대기업들은 1년도 안 되는 기간 동안 12명 미만의 사람들과 함께 독점 소프트웨어와 기성 소프트웨어를 결합하여 디지털 플랫폼을 구축했다.

월마트는 디지털 플랫폼을 사는 방식을 택했고, 2016년에 젯닷컴을 33억 달러에 인수했다. 월마트는 2000년대 초반부터 전자상거래에 진출했지만 2008년까지는 인터넷 매출 13위로 아마존에 크게 못 미쳤다. 2009년에 제3자(외부) 판매자들에게 월마트닷컴을 오픈해서 수익이 증가했지만 충분하지 않았다. 2014년 월마트 CEO가 된 더그 맥밀런은 젯닷컴 인수는 불을 지피는 정도로 여겼다. 젯닷컴 인수로 월마트가 필요로 하는 기술 전문지식은 물론 가변적 가격 책정(특정 소비층의 지불 능력을 감안한 가격 책정 방식—옮긴이)을 위한 매우 진보된 알고리즘을 구현했다. 맥밀런은 젯닷컴 CEO 마크 로레Marc Lore와 그의 팀에게 월마트의 미국 전자상거래 플랫폼을 맡겼고 월마트의 온라인 매출이 움직이기 시작했다. 2018년 월마트는 아마존에 여전히 크게 뒤처지긴 했지만 미국 전체 전자상거래 매출 3위를 기록했다.

일부 전통적인 기업들은 최종 소비자에게 다가갈 수 있는 자체 플랫폼을 구축하기가 너무 부담스럽다거나, 비용이 너무 비싸다거나, 그저 불필요하다고 생각했다. 이러한 요구를 충족하기 위해 만들어진 것이 캐나다에 본사를 둔 쇼피파이다. 2019년 가을, 약 80만 개의 회사가 쇼피파이의 플랫폼을 사용하고 있다고 한다.

플랫폼이 할 수 있는 일

디지털 플랫폼으로 무엇을 할 것인가에 대한 질문은 디지털 플랫폼을 어떻게 만들 것인가에 대한 질문만큼이나 중요하다. 기존 비즈니스를 디지털 플랫폼으로 한꺼번에 전환하려고 하면 리스크가 커진다. '빅뱅' 접근 방식은 조직을 쉽게 압도하고 핵심 비즈니스를 손상시킬 수 있다. 새로운 계획에 필요한 현금은 핵심적인 비즈니스에서 나오기 때문이다. 반면 디지털 플랫폼을 만들기 위한 단편적인 접근 방식은 온라인 경쟁업체들과의 격차를 좁히지 못하고 실질적인 경쟁우위를 만들어내지 못할 수 있다.

기업들은 디지털 플랫폼을 별도로 시작할 것인지, 아니면 기존 시스템 위에 간단한 플랫폼을 구축할 것인지 등 중요한 질문에 답하기 위해 전문가의 조언이 필요하다. 공급업체는 새로운 시스템을 구축하고 SAP(경영 통합 관리 프로세스)나 ERP(기업 전반의 업무 프로세스를 통합적으로 관리하는 시스템—옮긴이) 또는 부적절한 IT 인프라와 관련된 문제를 다른 방식으로 해결할 수 있도록 지원한다. 또한 기업 내에서 직접 만들지 않아도 애플리케이션 및 워크플로에 바로 사용할 수 있는 AI 모델과 목적에 따라 분류된 콘텐츠들이 있는 데이터 세트나 드래그 앤드 드롭 소프트웨어 모듈을 제공하는 스타트업이 있다.

예를 들어 텐서플로TensorFlow는 머신 러닝을 지원하기 위해 구축된 도구, 라이브러리 및 기타 자원의 오픈소스 플랫폼이다. 구글은 처음에 검색, 지메일, 구글맵과 같은 제품들을 자체적으로 만들었다. 그러나 텐서플로는 누구나 접근할 수 있는 오픈 시스템이며, 에어비앤비, 링크트인, 페이팔, 레노버Lenovo, GE를 포함한 많은 기업들이 이용하고 있다. 페이팔은 텐서플로를 사용하여 부정행위 패턴을 탐지한다. 그것은 구글 오픈소스를 통해 이용할 수 있는 많은 도구들 중 하나이다.

그러나 디지털 기술의 진정한 영향은 기술이 무엇을 할 수 있는지에 대한 지식과 그것을 사용하는 방법에 대한 비즈니스 판단을 결합하는 것에 달려 있다. 훌륭한 아이디어는 서로 다른 종류의 전문지식을 가진 소수의 사람들로부터 나오는 경우가 많다. 소비자 경험과 시장, 생태계 그리고 원하는 목적에 어떤 데이터를 사용할지는 컴퓨터가 아닌 사람이 결정해야 한다.

플랫폼이 지닌 수많은 경쟁력의 원천을 생각한다면 플랫폼을 개념화하기가 더 쉬워질 것이다. 차량 공유 기업인 우버, 리프트, 디디추싱처럼 엔드투엔드 소비자 경험을 개인화하고 100배의 시장 공간을 창출하며 수요와 공급을 맞추는 것은 이제 익숙한 일들이다. 하지만 그렇지 않은 일들도 있다.

중개인을 없애고 비용을 낮출 수 있는 능력이 중요하다. 그러나 디지털 플랫폼의 강력한 이점은 가격을 즉시, 자주 그리고 목표에 따라 변경할 수 있다는 점이다. 기업의 디지털 플랫폼에서 제공되는 시시각각의 정보를 기반으로 가격을 책정하는 것은 특히 오프라인 경쟁업체에게는 어려운 일이다.

가변적인 가격 책정 덕분에 개별 소비자들에게 경쟁업체들보다 저가로 공급할 수 있고, 재고의 노후화와 갑작스러운 원자재 가격 급등에 대비할 수 있는 강력한 보호책이 된다.

아마존은 자사의 마켓플레이스에 있는 제3의 소매업체가 같은 제품을 다른 곳에 더 낮은 가격으로 올려놓은 것을 잘 포착했을 것이다. 표면상으로는 아마존 쇼핑객을 보호하기 위해, 제3의 소매업체들에게 같거나 더 낮은 가격으로 제품을 올리도록 요구했으며, 그렇지 않은 경우 마켓플레이스에서 쫓겨날 수도 있었다. 물론 이러한 비교와 조정은 컴퓨터상에서 처리되는 일이었다. 제3의 소매업체들은 아마존의 가격 정책에 항의하며 부당하게 가격을 낮추라는 강요를 받아 이윤을 침해당했다고 반발했다. 이에 대한 해결 방안으로, 아마존은 2019년 여름, 판매자의 이윤을 보호하기 위한 가격 책정 가이드라인을 정한 '솔드 바이 아마존Sold by Amazon'이라는 프로그램을 도입했다.

디지털 대기업들은 가변적인 가격 책정 방식으로 소비자를 절대 놓치지 않는다. 예를 들어 아마존은 소비자에게 제품을 제공하는 공급업체에게 무자비한 효율성을 강요하는 것으로 유명하다. 소비자를 향한 아마존의 이와 같은 헌신은 높은 이윤을 챙기기보다는 낮은 가격으로 광범위한 혜택을 보는 방식을 지향했다.

이러한 원칙은 매우 뿌리 깊고 보편화되어서, 2018년 미국 최대의 약국 체인 CVS와 미국의 건강보험 회사 애트나Aetna가 합병할 때 일부 분석가들은 두 회사의 보험 약제 관리 업무 결합에 따른 비용 개선 혜택이 소비자에게 돌아갈 것이라고 추측했다. 왜 그럴까? 아마존이 온라인 약국 필팩PillPack을 사들이며 제약업에 막 뛰어들었기 때문에 아마존이 가격을 낮추기 위해 소비자 직거래 모델을 활용할 것으로 파악되었기 때문이다.

디지털 플랫폼은 기하급수적인 성장의 열쇠이기도 하다. 한 가지 예로, 수집된 데이터를 이용해 기존 플랫폼에서 새로운 소비자 경험을 제공할 수 있다. 개별 소비자에 대한 데이터를 이용하면 고객 확보를 하는 데 비용을 들이지 않고 개인의 전반적인 생활 경험에서 또 다른 니즈를 매우 정확하게 충족할 수 있다.

결과적으로 추가 수익을 얻는 데 드는 비용이 점차적으로 줄어들기 때문에 총이윤과 마찬가지로 수익도 증가한다. 또한 데이터와 알고리즘을 사용하여 새로운 제품을 분석하고 그것을 반복하는 과정에서 목표를 위해 무엇을 개선해야 할지 알 수 있으므로 혁신에 따른 위험도 줄어든다.

많은 신생 디지털 기업이 동일한 기본 플랫폼을 사용하여 얼마나 신속하게 수익 흐름을 창출하고 매출총이익을 늘릴 수 있는지를 보여주었다. 아마존은 같은 디지털 플랫폼을 기반으로 직접 판매, 제3자 판매, 광고, 대출 등으로 수익원을 확대했다.

디지털 기업으로 재탄생한 콴타스 항공은 디지털 플랫폼을 활용해 멀리 떨어진 지역에서 여행 상품의 새로운 수익원을 창출했다. 콴타스는 보상 프로그램의 일부로서 여행객들이 사용하는 플랫폼이 또 다른 필요를 충족할 수 있다는 점을 발견했다. 바로 건강보험이다. 콴타스를 통해 건강보험에 가입하는 사람들에게는 여행 포인트를 제공하는데, 걷기와 같이 건강에 좋은 활동을 하면 훨씬 더 많은 포인트를 제공한다.

그러나 디지털 플랫폼의 가장 큰 힘의 근원은 완전히 새롭고 다양한 수익 모델을 지원하는 능력이다. 우버, 리프트, 디디추싱 및 기타 디지털 업체들은 알고리즘 없이는 사실상 처리할 수 없는 복잡한 계산을 바탕으로 제품과 서비스를 제공한다. 동일한 디지털 플랫폼을 통해 그들은 음식 배달과 같은 새로운 서비스와 수입원으로 영역을 확장하고 있다.

아크로뱃리더와 포토샵 같은 소프트웨어 제품으로 알려진 어도비 시스템즈는 디지털 플랫폼과 클라우드 스토리지 서비스로 전환했다. 소프트웨어를 디스크에 저장해서 판매하거나 수백만 달러의 일시불 비용을 내고 다운로드를 할 수 있는 라이선스를 부여하는 것이 아니라 사용자가 가입비를 내고 필요한 소프트웨어에 접속할 수 있는 디지털 플랫폼을 만들었다. 고객은 선불로 큰돈을 지불하는 것이 아니라 원하는 만큼 정기적으로 지불하면 된다.

고객들은 어도비 소프트웨어를 사용하기 위해 구독하고 각자 필요한 옵션을 선택하는 방식을 환영했다. 새로운 수익 모델로 더욱 저렴하게 상품을 제공했고, 자금난에 허덕이는 스타트업들은 항상 최신형 상품을 이용할 수 있었다. 그로 인해 성장이 정체되었던 어도비의 시장 규모가 폭발적으로 확대되었다. 2015년부터 2019년까지 매출액이 2배 이상 증가했으며, 2020년 초에 어도비의 시장가치는 IBM의 시장가치를 초과했다.

어도비는 소프트웨어 제품 판매에서 서비스로 전환하기 위해 다른 소프트웨어 회사들이 개척한 더 큰 추세에 일찍이 올라타 있었다. 서비스형 소프트웨어(사용자가 필요로 하는 서비스만 이용할 수 있는 소프트웨어-옮긴이)를 뜻하는 'SaaS'라는 약어는 이제 흔히 쓰이고 있는데, 그 변형 모델로 DaaS가 있다. 이것은 미디어 전문가이자 벤처기업 파트너이며 아마존 스튜디오 전략팀의 책임자였던 매튜 볼 Matthew Ball이 만든 디즈니의 신흥 비즈니스 모델이다.

알리바바의 플랫폼 기반의 글로벌 확장

디지털 플랫폼은 상상력이 풍부한 리더의 손을 거치면 새로운 수익의 원천을 거의 무한대로 제공한다. 아마존은 자사의 마켓플레이스에서 제3자 판매자들을 지원하기 위해 사용하던 디지털 인프라가 완전히 새로운 제품이 될 수 있다는 사실을 발견했다. 이 사업을 운영하고 있던 앤디 재시Andy Jassy는 2006년, 수수료를 내면 자사의 역량을 다른 회사에서도 이용할 수 있는 아이디어를 냈다. 그것이 2018년에 257억 달러의 수익을 올린 AWS의 원조였으며, 현재 이 회사의 가장 수익성 높은 사업부이다.

재시는 그것이 거대한 새로운 시장이 될 것이라고 믿으며 서비스 개발에 전력투구했고, 예비 경쟁자들을 막기 위해 수익성을 낮추어야 한다고 주장했다. 한동안 효과가 있었지만 결국 구글, 마이크로소프트, IBM, 알리바바가 뛰어들었다. AWS는 2018년 클라우드 컴퓨팅, 즉 서비스형 인프라(IaaS) 시장점유율의 거의 절반을 차지했다. 그리고 전체 시장이 계속 확장되는 동안 헤비급 경쟁자들 역시 빠르게 성장하고 있으며 경쟁도 치열하다.

미국의 저명한 IT 리서치 기업 가트너Gartner에 따르면 알리바바 클라우드는 2017년부터 2018년까지 92.6% 성장하며 선도적인 공급업체 중 가장 강력한 성장세를 보였다. 가트너는 알리바바 클라우드가 인프라 및 소프트웨어 서비스를 제공하는 독립 기업들의 생태계를 활용하여 이러한 성장을 달성했다고 지적했다. 이것은 연구 개발에 지속적으로 많은 투자를 하고 글로벌 확장을 계속할 수 있는 재정 능력을 유지할 수 있는 방식이다.

알리바바는 아마존처럼 광범위하고 신속하게 제품의 범위를 넓혔으며, 새로운 제품을 출시할 때마다 경쟁업체들 사이에서 일종의 두려움을 유발한다. 알리바바와 아마존의 시장은 겹치지만 정확히 평행선을 달리지는 않는다. 알리바바가 온라인 세계에 처음 진출했을 때는 소규모 공급업체와 산업재 구매자를 연결하는 플랫폼을 제공했다. 나중에 물건을 팔고 싶어 하는 개인과 사고 싶어 하는 개인을 연결하는 타오바오Taobao를 추가했는데, 이것은 아마존보다 이베이에 더 가까웠다. 이후 아마존과 유사한 전자상거래 플랫폼인 티몰과 국가 경계를 아우르는 전자상거래 플랫폼 티몰글로벌을 추가했다. 그 과정에서 디지털 결제 시스템 알리페이를 만들었는데, 이것은 결제와 금융 서비스를 보호하는 앤트파이낸셜Ant Financial의 일부이다.

이 회사는 3가지 디지털 기술 단계를 통해 서로 다른 고객층을 지원하는 팀들로 구성되어 있다. 아서 영Arthur Yeong과 데이브 울리치Dave Ulrich가 《조직 재창조하기Reinventing the Organization》에서 설명했듯이, 첫 번째 기술 단계는 조달 및 고객 지원 등 일상 업무를 지원하는 데 필요한 다양한 시스템으로 구성된다. 세 번째 단계는 정례적인 프로세스, 보안 및 데이터 저장을 처리하는 IT 인프라이다.

중간 단계는 알리바바와 협력업체들에게 엄청난 가치를 창출하는, 그야말로 회사의 핵심을 차지하는 디지털 플랫폼이다. 디지털 플랫폼은 전체 생태계의 데이터를 결합하고 알고리즘 도구를 사용하여 지속적으로 업데이트되는 일종의 소비자 360도 보기를 만든다. 이 단계에는 "모든 비즈니스의 데이터 및 기술 요구 사항의 공통성을 파악하고 이것을 가맹점 관리, 사용자 관리, 쇼핑 카트, 결제, 검색 및 보안 팀들이 사용할 표준화된 서비스 모듈로 바꾸는 기술"이 포함된다.

알리바바는 이 중간 플랫폼을 활용하여 새로운 협력업체를 유치하고 기존 협력업체들의 성공을 지원한다. 이 솔루션은 대규모 기업에 다음과 같은 고유의 제안을 한다. "여기 당사의 플러그앤드플레이plug-and-play 플랫폼이 있습니다. 우리의 분석 툴과 연결해서 데이터가 자유롭게 이동할 수 있도록 귀사와 협력하겠습니다." 현지 협력업체들은 알리바바가 온라인 상점과 오프라인 상점에서 수집한 통합 데이터와 함께 플랫폼 분석 툴을 사용하여 시장을 보다 정확하게 공략하고, 소비자를 더 자세히 파악하고, 개인 맞춤형 추천을 하며, 그 외에도 고객들에게 더 나은 서비스를 제공하고 비즈니스를 성장시킬 수 있도록 데이터를 결합할 수 있다.

알리바바가 더 많은 디지털 기능을 구축하고 더 많은 데이터를 모을수록 외부 회사들은 알리바바의 디지털 플랫폼에 연결하는 것이 더욱 유리하다. 알리바바의 접근 방식에서 특이한 점은 협력업체들 중 일부의 주식을 보유하고 있기 때문에 관계가 강화되고 성장의 혜택을 공유한다는 점이다. 예를 들어 알리바바는 2013년 물류배송 회사 차이냐오Cainiao에 공동 출자했고 2017년에 지분을 확대했다. 또한 2일 무료배송 서비스 구독 전자상거래 업체 샵러너 ShopRunner의 지분도 40%를 보유하고 있다.

데이터의 중심적 역할

방대한 양의 데이터를 수집해 기업이 소비자의 전체 모습을 만들어낼 수 있도록 한 알리바바의 약속은 솔깃한 기회다. 올바른 소스로 주고받는 데이터 흐름을 확보하는 것은 기업의 경쟁우위에서 중요한 부분이다. 데이터의 품질, 신뢰성 및 타이밍은 알고리즘이 결정을 내리든, 인간의 판단을 뒷받침할 정보를 제공하든, 기업의 의사 결정 속도와 품질에 매우 중요하다.

필요한 데이터가 자유롭게 흐르며 호환되도록 해야 한다. 어떤 용도로 쓰느냐에 따라 엄청난 양이 필요할 수 있다. 머신 러닝과 인공지능은 '학습'할 데이터가 많을수록 품질도 높아진다. 특히 자율주행차 등 첨단 애플리케이션은 더욱 그렇다. 자동차가 수많은 다양한 상황을 처리하기 위해서는 대량의 데이터가 필요하다. 그렇기 때문에 이동 서비스를 제공하는 기업은 그처럼 광범위한 생태계를 형성하고 있는 것이다.

새롭게 부상하는 모빌리티 생태계의 많은 데이터는 차량 자체의 센서에 의해 생성된다. 사물인터넷에서는 모든 기계에 센서가 내장되어 실시간으로 모든 종류의 데이터를 수집한다. 예를 들어 GE는 터빈의 센서를 사용하여 정기적으로 부품을 교체하거나 보수할 시기를 예측할 수 있다. 마찬가지로 쉰들러Schindler는 엘리베이터에 내장된 센서에서 얻은 데이터를 사용하여 장비 고장을 진단하고 예측한다.

센서가 데이터를 수집하든 고객과의 상호작용을 통해 데이터를 수집하든 디지털 플랫폼은 적절한 지점에 정확한 데이터를 저장하도록 설계되어야 한다. 아마존은 소비자들과의 약속에 철저한 것으로 잘 알려져 있는데 상자를 밀봉하여 배송할 준비가 된 시점과 같이 중요한 지점에서 데이터를 수집한다. 올바른 알고리즘을 통해 필터링된 올바른 데이터를 수집하면 자동화 여부에 관계없이 빠르게 응답할 수 있다. 이는 또한 '최소한의 실행 가능한 제품' 아이디어를 신속하게 반복적으로 실험할 수 있게 만들어 혁신 속도와 효율성을 높일 수 있다.

애플은 의료 생태계를 구축하면서, 의료 분야의 데이터 흐름에서 가장 큰 장벽 중 2가지를 극복하기 위해 노력하고 있다. 바로 정부 규제와 원활하지 않은 데이터 흐름이다. 의료보험, 연구소, 병원, 클리닉, 의사 등 서로 다른 기관에서 들어오는 데이터를 조정하고 암호화하는 것을 목표로 한다. 또한 개인의 건강 앱이나 워치에서 직접 제공되는 데이터를 암호화하여 소비자들이 그 정보를 어떻게 사용할지 통제하도록 한다.

애플이 그러한 기술에 얼마나 많은 노력을 기울였는지는 알 수 없지만, 데이터의 흐름이 원활하면 전반적인 의료 서비스를 개선할 수 있다. 애플의 팀 쿡과 그의 팀은 의료 생태계에 대한 생각을 발전시키는 과정에서 데이터의 흐름을 도표로 작성했을 것이다. 즉, 개인의 건강 앱에서 보험회사로, 할인된 요금과 건강이라는 인센티브의 형식을 띠고 보험업자에서 개인에게로, 또한 개인의 건강 앱에서 의사에게로, 치료 계획을 수정하도록 의사가 개인에게로, 집계된 데이터에서 연구 기관으로 그리고 연구 기관에서 약물 실험과 관련된 환자에게로 데이터의 흐름이 이어진다.

스타트업들은 여전히 고객 기반을 구축하고 있는 중이기 때문에 데이터를 획득하기가 어렵다. 타사에서 데이터를 구입할 수 있지만 비용이 많이 든다. 전통적인 기업은 엄청난 양의 데이터를 보유하고 있지만 사일로 문화(Silo, 회사 안에 성이나 담을 쌓고 외부와 소통하지 않는 부서를 가리키는 말 — 옮긴이)에 묻혀, 일관성 없이 포맷되고 불완전한 경우가 많다. 오늘날 판매 회사들은 단일 버전의 데이터를 저렴하게 생성할 수 있으며, 경우에 따라서는 백만 달러 미만의 비용으로 데이터를 생성할 수 있다.

그러한 문제들은 다음과 같은 기본적인 질문을 통해 충분히 생각할 수 있다. 어떤 데이터가 필요한가? 어떤 데이터를 갖고 있는가? 얼마나 완성되었는가? 올바른 형식으로 저장되었는가?

알리바바는 이미 수집한 데이터, 즉 자사 플랫폼에서 이루어진 판매자들의 매매 거래에서 기회를 찾았다. 알리바바는 판매자들의 데이터를 가지고 판매자의 사업이 얼마나 잘되고 있는지 그리고 파트너들의 신용등급이 양호한지 등의 정보를 알 수 있다. 그런 다음 알고리즘은 실시간으로 신용 가치를 예측하고 소규모 기업에 대한 소액 대출의 위험을 크게 줄일 수 있다. 이것은 알리바바가 2012년에 시작한 앤트파이낸셜의 기초가 된 개념이다.

대량의 데이터를 저장해야 하기 때문에 데이터를 직접 폐기해야 할지, 아니면 클라우드 서비스를 사용해야 할지 의문이 제기된다. 비즈니스가 성공할 경우 데이터의 양과 데이터 저장 비용이 기하급수적으로 증가한다는 점을 명심해야 한다.

소비자는 기업의 데이터 및 알고리즘을 통해 큰 가치를 얻을 수 있다. 그러나 개인정보보호나 보안이 침해되면 이러한 가치는 빠르게 사라질 것이다. 지금까지 소비자들은 일반적으로 더 나은 서비스를 받거나 무료로 사용하기 위해 자신에 대한 데이터를 제공해왔다. 그들은 웹사이트를 사용할 때마다 긴 서비스 약관에 쉽게 승인한다. 소비자들은 회사가 자신의 개인정보를 보호하고 사생활을 존중해주리라고 기대한다. 데이터 침해로 인해 고객은 허둥지둥하고 있으며, 지나치게 노골적인 광고는 우려를 낳고 있다. 심지어 알고리즘 자체도 머신 러닝을 통해 신용대출을 하거나 구직자를 심사하는 것부터 범죄와의 싸움 등 광범위한 활동에서 인간의 편견을 증폭시키고 성문화(成文化)한다는 비난을 받고 있다.

인터넷 시스템이 우리의 일상생활에 스며들면서 데이터를 보호하고 적절하게 사용하는 데는 무거운 책임이 따른다. 사람들의 일거수일투족을 관리하는 컴퓨터 시스템이 해킹에 취약하다면 사람들은 무인자동차를 확실히 꺼리게 될 것이다. 의료기록이 안전하게 교환되지 않는다면 의료 생태계는 붕괴될 것이다.

역사적으로 보면, 문제가 생겼을 때는 항상 누군가 해결책을 찾기 위해 고군분투하기 마련이었다. 2019년 구글은 기업들이 고객의 개인 데이터를 보호하도록 돕는 툴을 출시했으며, 일부 전문가들은 클라우드에 저장된 데이터가 개별 회사 서버에 저장된 데이터보다 사이버 공격에 더 강하다고 주장한다.

애플은 오랫동안 개인정보가 자사의 핵심 가치 중 하나이며, 개인정보 보호를 강조하는 것이 장점이 될 수 있다고 주장해왔다. 애플은 의료 분야로 진출함에 따라, 데이터를 클라우드가 아닌 개인용 기기에 보관하는 '연합' 컴퓨팅 모델을 사용하고 있으며, 데이터 보호를 위해 암호화 기술과 기타 보안 조치를 하고 있다.

디지털 대기업이 소비자와의 신뢰를 깨뜨리고도 영향력을 유지한다면 규제 당국이 개입할 것이다. 유럽연합은 이미 기업의 데이터 저장, 처리 및 공유 방법에 관한 규칙을 통과시켰다. 미국 규제 당국과 입법자들도 똑같이 할 것이다. 일부 국회의원들은 잠재적 편견에 대한 점검으로 알고리즘의 소스 코드를 대중이 이용할 수 있도록 제안했다.

인도 정부는 데이터가 모든 사람이 특정한 제약 조건하에서 사용할 수 있는 공공자산이라고 생각했다. 하지만 점점 더 많은 도시와 주들이 사회적 편견과 사생활에 대한 우려 때문에 얼굴 인식 기능을 금지하고 있다. 그래서 페이스북이 사용자들의 개인정보를 영국의 정치 컨설팅 회사 케임브리지 애널리티카Cambridge Analytica와 공유했다는 사실이 드러났을 때 대중의 비난은 거세게 일었다. 의회는 청문회를 열었고 CEO 마크 저커버그는 곤경에 빠졌다. 디지털 거대 기업은 제한을 받기는 하겠지만 사라지지는 않을 것이다. 그리고 감시자들 역시 사라지지 않을 것이다.

B2W의 디지털 플랫폼 기반 확장

디지털 코어 중심으로 비즈니스를 구축해야 한다는 것에 압박감을 느끼는 전통적인 기업들은 이러한 목표를 달성한 기업들을 주목해야 한다. 7장의 대표적인 예가 피델리티 PI이다. 브라질 최대의 소매업체 로하스 아메리카나스도 또 하나의 좋은 예다.

아마존이 처음 온라인으로 도서를 판매하기 시작한 지 불과 몇 년 후인 1990년대 후반, 브라질의 오프라인 소매업체의 리더들은 온라인 쇼핑의 엄청난 잠재력을 인식했다. 그들은 2020년 1월 시장 가치가 370억 헤알(R$, 약 7조 5,000억 원)인 B2W라는 디지털 거대 기업이 탄생할 수 있는 씨앗을 뿌렸다. B2W는 브라질 증권거래소에서 가장 가치 있는 30대 기업 중 하나가 되었다.

로하스 아메리카나스가 자사의 전자상거래 플랫폼인 아메리카나스닷컴Americanas.com을 만들었을 때, 다른 나라와 마찬가지로 브라질에서도 온라인 쇼핑이 이제 막 등장하고 있었다. 의류, 리넨, 가죽 제품, 휴대폰과 같은 전자제품, 사탕, 장난감, 건강 및 개인 관리 제품, 그리고 실제 상점에서 판매하는 속옷 등을 온라인 쇼핑몰에서 팔았다.

당시에는 디지털 쇼핑 플랫폼에 대해 잘 아는 사람이 없었다. 하지만 로하스는 플랫폼을 구축할 수 있는 전문가들을 찾았고, 초기 시장에서 선두주자로 입지를 빠르게 굳혔다. 비슷한 시기에 온라인 티케팅, 여행, 소비자 금융뿐 아니라 상품을 제공하는 전자상거래 스타트업 서브마리노Submarino도 마찬가지였다. 전자상거래 시장은 아직 개발되지 않은 분야였기 때문에 아메리카나스닷컴과 서브마리노 둘 다 급격한 성장을 이룰 수 있었다. 이후 수많은 전자상거래 스타트업들이 시장에 진입했는데도 두 기업은 여전히 시장을 장악했다.

2005년과 2006년에 전자상거래 업체들이 통합하기 시작했다. 아메리카나스닷컴은 홈쇼핑 TV 채널을 보유하고 있는 세 번째로 큰 전자상거래 업체 숍타임Shoptime을 인수했다. 그리고 이듬해에는 서브마리노와 합병했다.

합병 당시 로하스 아메리카나스의 CEO 미구엘 구티에레즈 Miguel Gutierrez와 카를로스 알베르토 시쿠피라Carlos Alberto Sicupira 회장은 전자상거래 사업을 별도 법인으로 운영해야 한다고 판단했다. 그렇게 해서 B2W가 탄생했고, 아메리카나스닷컴의 기술 책임자였던 애나 사이칼리Anna Saicali가 CEO를 맡았다. 로하스 아메리카나스가 B2W의 지분 53.25%를 보유했고, 나머지 주식은 2007년 8월부터 브라질 증권거래소에서 거래되기 시작했다.

B2W는 여러 브랜드와 별도의 디지털 플랫폼에서 운영되는 것들을 통합함으로써 라틴아메리카에서 가장 큰 전자상거래 기업이 되었다. 사이칼리가 이들의 통합에 나설 때 글로벌 금융위기가 터지면서 모든 투자가 보류됐다. 사이칼리는 당시를 이렇게 회상했다. "우리는 세계 경제에서 무슨 일이 일어날지, 브라질이 어떤 영향을 받을지 몰랐습니다. 우리는 이미 많은 매출을 올리고 있었고 우리 앞에 좋은 기회가 놓여 있었으므로 '더 이상의 자본 투자는 안 돼'라고 말했죠. 현금 보전에 집중해야 했습니다."

그렇게 해서 B2W는 위기를 무사히 헤쳐 나갈 수 있었다. 회사는 그 기간 동안 이익을 내고 배당금을 배분했으며 심지어 주식을 되사기도 했다. 회사는 또 다른 난관에 부딪혔던 2010년까지 플랫폼 작업을 재개하고 있었다. 하지만 이것은 B2W의 전략을 변경해서 더 강력하고 더 넓은 디지털 플랫폼을 구축하는 촉매제가 되었다.

B2W는 운영되는 내내 외부 유통업체와 물류업체를 통해 제품

을 공급했다. 다른 온라인 판매자들도 그랬고, 브라질의 거의 모든 대형 소매상들이 전자상거래에 뛰어들면서 그들의 숫자는 폭발적으로 증가했다. 문제는 유통업체와 물류 인프라가 증가하는 전자상거래 수송량을 따라가지 못했다는 점이다. 2010년 크리스마스 기간 동안 주문이 최고조에 달했을 때 외부 판매자들은 배송을 할 수가 없었다. 망연자실한 고객들은 그 나라에서 가장 큰 전자상거래 회사인 B2W에 불만을 쏟아냈다.

그 사건으로 인해 사이칼리와 그녀의 팀은 한 걸음 물러났다. 그들은 '소비자들이 먼저여야 한다'고 단언했으며, 명확한 우선순위에 따라 모든 일을 처리해야 했다. 소비자가 직접 사용하는 디지털 플랫폼을 기반으로 비즈니스를 구축하는 것과 함께, B2W는 자체적인 물류 및 유통 인프라를 구축해야 한다는 결론을 내렸다.

기술, 물류 및 유통, 고객 경험이라는 3가지 항목은 10억 달러를 상회하는 새로운 투자 사이클을 촉발한 3개년 전략 계획의 기둥이 되었다.

B2W의 리더들은 어디로 향해야 하는지, 그곳에 도달하기 위해 어떤 조치를 취해야 하는지 알고 있었지만 현금 상황은 우려스러웠다. B2W는 오프라인 상점의 모기업 로하스 아메리카나스가 늘 그래 왔듯이 창고에 보관해둔 재고품들을 팔고 있었다. 금융위기 이후 성장세가 가속화되면서 점점 더 많은 현금이 물품 구입에 묶여 있었다.

이사회에서 현금 사용에 대해 논의하던 중 사이칼리는 해결책을 제안했다. 즉, 재고를 보유하고 있는 다른 판매자들이 B2W의 디지털 플랫폼을 이용해서 자신들의 상품을 팔도록 허용하고, B2W는 판매 수수료를 챙기자는 것이었다. 이 아이디어는 이사회에서 활발한 논의를 거쳐 승인되었다. 2013년 회사는 구매자와 제3자(외부) 판매자를 연결하는 양면 플랫폼 B2W 마켓플레이스를 출시했다. 회사가 미래를 내다보면서 예측했던 급격한 상승이 실현되기까지 몇 년 동안은 현금 상황이 여전히 어려웠지만, 제3자 판매는 상황을 완화하는 데 도움이 되었다.

새로운 전략 계획이 눈에 띄게 진척되지는 않았다. 미국의 헤지펀드이자 기술 투자 회사 타이거 글로벌Tiger Global은 B2W를 조사한 결과 첫해에는 B2W의 비전과 실행력에 압도되었다. 2014년 타이거 글로벌은 B2W의 현재 주가보다 85% 높은 프리미엄으로 10억 달러를 투자할 계획이라고 발표했다. B2W의 주주들은 그 투자를 전적으로 지지했고, 그 자금으로 회사는 다음 단계를 가속화할 수 있었다.

B2W는 강력한 물류 플랫폼 회사, 물품 보관 시설 및 수송 네트워크 회사, 이미 전자상거래 고객에게 서비스를 제공하던 통신 서비스 회사 등 3개 업체를 잇달아 인수했다. 크리스마스 중단 사태는 이제 그만!

세 번째 전략적 기둥인 기술 역량을 구축하려면 다각적인 노력이 필요했다. 사이칼리는 기술 분야에서 새로운 트렌드와 기능을 따라잡는 데 중점을 두었다. 디지털 플랫폼이 긍정적인 고객 경험을 보장하는 데 얼마나 핵심적인 요인인지를 명확히 알고 있었던 그녀는 B2W를 세계적인 기술 기업으로 만드는 것을 개인적인 사명으로 삼았다. 새로운 기능은 기술팀의 유기적인 성장, 기술 기업 인수, 선도적인 기술 전문가와의 체계적인 협업으로 탄생할 것이다.

B2W는 2년 동안 11건의 인수를 수행했으며, 그때마다 중요한 기술 전문지식을 보유하게 되었다. 여기에는 백오피스 시스템, 프런트 오피스 시스템, 고객 데이터 및 재고 관리를 각각 담당하는 유니컨설트Unicconsult, 아이디어이즈Ideais, 타르케나Tarkena 3개의 시스템 개발 회사가 포함되었다. 이 3건의 거래를 통해 엔지니어가 2배로 늘어나 총 600명이 넘었고, 혁신과 기업가정신을 위한 센터 설립을 촉진했다. 애드매틱Adamatic은 가격 비교 및 가상 상점 최적화를 위한 전문 도구를 도입했다. 이스마트E-smart는 온라인 상점을 만드는 플랫폼 기술 개발 회사였다. 그 외 IT 회사를 인수하면서 B2W는 인공지능, 온라인 보안, 온·오프라인 매장 통합, 인스타그램 판매 등에 대한 전문성을 갖췄다.

특정 기술 과제를 해결하기 위해 사이칼리는 조언을 해줄 수 있는 전문가를 찾기 위해 MIT, 스탠퍼드, 하버드, 컨설팅 회사 등을 돌아다녔다. 그녀는 라틴아메리카에 있는 연구소들을 포함해 다른 최고 기관의 연구소와 함께 협력 프로그램을 만들었다.

2017년까지 B2W 디지털 플랫폼은 자체 제품 및 타사 제품을 판매하는 전자상거래, 재고 관리 및 물류까지 포괄하는 공간이 되었다. 평생 현금을 소비하던 회사가 현금 창출을 하게 된 것이다. 2019년까지 현금 확보가 원활한 회사를 만들겠다는 사이칼리의 목표가 달성되었다. 그녀는 CEO 자리를 후임자에게 넘겨주고 회장이 되었다.

그럼에도 2017년은 종착 시기가 아니었다. 더 많은 혁신을 위해서는 더 다양한 디지털 플랫폼, 데이터 축적, 기술 역량, 탄탄한 재무 기반이 필요했다. 예를 들어 B2W는 휴대전화용 플랫폼 기반 디지털 지갑 앱 AME를 개발했는데, 이는 금융 서비스나 일반 서비스를 위한 원스톱 앱이다. 또한 로하스 아메리카나스와 계약하여 소비자들이 온라인으로 주문하고 상점에서 상품을 수령할 수 있는 시스템을 만들었다. 그동안 회사는 판매되는 전 제품의 리스트를 간소화하고 온라인 티케팅과 같은 것들은 처분하면서 주력 부문에 더욱 집중했다.

데이터를 활용해 의사 결정을 하는 일은 인공지능이 발전함에 따라 훨씬 더 강력해졌다. 방대한 양의 데이터와 이를 처리할 수 있는 고급 기능을 결합함으로써 B2W는 소비자의 행동을 이해하고, 상품 구매자를 지원하고, 데이터에 저장된 사람들을 더 잘 파악할 수 있게 되었다. 사이칼리는 "우리는 여기 있는 모든 것에, 모든 영역에서 그리고 모든 결정에 빅데이터를 사용합니다"라고 말하며 다음과 같이 덧붙였다. "이것은 오직 우리가 디지털적인 사고방식을 가지고 있기 때문에 가능합니다."

수십 년에 걸친 B2W의 노력과 수많은 도전을 통해 B2W의 시장 가치는 2006년 창설 당시 겨우 34억 헤알(약 6,800억 원)에서 2019년 말 329억 헤알(약 6조 7,000억 원)로 상승했다. 2013년 라틴아메리카에 처음 진출한 아마존이나 오프라인과 온라인을 겸비한 월마트를 훨씬 앞선 것이다.

B2W는 디지털 시대 초기에 디지털화를 시작했지만, 고객에 대한 헌신과 자금을 투자하여 필요한 기술 역량을 구축하려는 의지는 모든 회사가 따라야 할 본보기이다.

리더는 관련 신기술을 디지털 플랫폼에 통합하기 위해, 특히 생태계 파트너들과 연결하기 위해 끊임없이 혁신해야 한다. 다음 장에서는 생태계가 어떻게 경쟁우위 요소가 되며, 수익성 있는 현금 창출 사업에 없어서는 안 될 요소인지 설명한다.

가치 창출 생태계

— Rethinking —
Competitive Advantage

RULE 3

승자독식 사회는 끝났다.
생태계에서 협업하고 경쟁하라.

D
I
G
I
T
A
L

    당신의 회사가 디지털 경쟁업체에게 추월당할까 봐 두려운가? 다시 생각해보라. 가장 위협적인 것은 각각의 회사가 아니다. 회사가 구축하는 생태계가 가장 위협적이다.

    디지털 시대의 경쟁우위는 소비자의 이익을 위해 디지털 기술을 활용하는 생태계 또는 네트워크를 구축하는 사람들에게 돌아가며, 이는 여러 수익 흐름으로 가는 길을 열어준다.

    생태계라는 개념이 물론 새로운 것은 아니다. 애플이 초기에 다른 휴대폰보다 앞서 나갈 수 있었던 이유는 아이폰의 앱을 만든 소프트웨어 개발자들이 모든 소비자의 틈새와 필요를 충족하는 환경(생태계)을 조성했기 때문이다. 호환성이 중요했던 PC 시대에는 인텔이 마이크로소프트와 제휴를 맺고 인텔칩을 사용하는 주변 기기 제조업체들의 생태계를 구축했다. 그들의 기술이 함께 작동되어야 했기에 모든 참가자들이 성장할 수 있었다. 현재 마이크로소프트는 수천 개의 파트너 생태계를 통해 기업 고객에게 제품과 서비스를 제공하고 고객 기반을 구축하는 한편 소프트웨어 개발에 집중한다.

디지털 거대 기업들의 생태계가 다른 점은 단순히 선형적이지 않다는 것이다. 즉, 기업이 공급하는 제품 및 서비스에 따라 다각적으로 맞춰져 있다. 그들은 기하급수적이고 다차원적이다. 이러한 신세대 생태계에는 여러 부문에 걸쳐 광범위한 파트너들이 연결되어 있다.

예를 들어 전자상거래 기업인 알리바바는 소셜미디어 웨이보, 차량 공유 리프트, 물류 차이냐오와 같은 다양한 생태계 파트너를 보유하고 있다. 아마존의 알렉사와 비슷한 알리바바의 음성 인식 기기인 티몰지니Tmall Genie는 알리바바의 티몰 사이트에서 음성으로 물건을 주문한다. 알리바바는 티몰지니 시장이 둔화되자 자동차용으로 유사한 기능을 가진 스마트 스피커 티몰지니 오토를 만들어 생태계를 넓혔다. 2019년에는 BMW, 볼보, 아우디, 르노, 혼다와 제휴해 일부 자동차에 티몰지니 오토를 장착했다.

경쟁우위는 어떻게 하면 생태계가 고객에게 더 나은 서비스를 제공할 수 있는지 시야를 넓혀서 생각하고, 자사 플랫폼의 데이터, 최첨단 기능, 심지어 전체 생태계가 성장할 수 있는 금융자원까지 파트너들과 공유하는 것에서 비롯된다. 일부 생태계 파트너는 공동 로열티 프로그램을 만들고, 다른 파트너는 혁신에 협력하고 있다. 예를 들어 허니웰Honeywell과 빅피니트Bigfinite는 각각 프로세스 자동화 및 제어(허니웰)와 데이터 분석, AI 및 머신러닝(빅피니트)의 장점을 결합하여 제약 업계가 약품을 보다 빠르게 시장에 출시할 수 있도록 지원한다.

동반 성장의 이점

디지털 경쟁업체들은 종종 서로 다른 업계의 부품을 결합하여 소비자에게 더 완벽한 환경을 제공하거나 중개업체를 제거함으로써 비용과 가격을 낮추기도 한다. 가장 강력한 생태계는 고객, 파트너, 기업 등 모든 참여자가 이익을 얻고 함께 폭발적인 매출을 올릴 수 있는 네트워크 효과를 창출한다.

2019년 4월 제프 베이조스는 아마존 주주들에게 보내는 연례보고서에 매우 기대되는 숫자를 썼다. 그것은 창출하고자 하는 이익이나 주가가 아니었다. 이 수치는 지난 20년 동안 아마존 마켓플레이스에서 다른 판매자들에게 얻은 매출 증가율을 보여주는 것이다. 1999년에는 총매출의 3%에 불과했으나 2018년에는 58%로 절반 이상을 차지했다. 이러한 판매자들은 아마존의 폭발적인 성장을 이끄는 데 도움을 준 생태계의 일부이다.

아마존은 다른 판매자들이 성공할 수 있도록 재고 관리 및 결제 처리를 할 수 있는 정교한 도구를 제공한다. 판매자는 아마존의 배송 서비스를 이용하여 더 빨리 그리고 훨씬 더 넓은 지역에 배송할 수 있을 뿐만 아니라 아마존 렌딩Amazon Lending에서 대출을 신청할 수도 있다. 단지 아마존에 제품을 올리는 것만으로도 더 많은 사람들의 눈에 띌 수 있다. 온라인 소비자 중 약 54%가 아마존 웹사이트에서 제품 검색을 하기 때문이다. 이것은 구글에서 검색하는 것보다 더 높은 비율이다.

생태계 파트너들이 성장함에 따라 아마존도 성장한다. 현금이 증가하고 기업은 점점 더 많은 데이터를 축적한다. 그렇게 함으로써 아마존은 소비자에게 더 알맞은 상품을 추천하고, 더 나은 통찰력으로 소비자 경험을 개선하고, 더 효율적으로 관리할 수 있다. 소비자 역시 더 많은 선택권, 더 낮은 가격, 더 정확한 추천을 통해 만족감이 높아진다.

아마존은 플랫폼을 통해 유입되는 막대한 양의 데이터를 여러 수익 흐름으로 전환할 수 있었다. 아마존 사이트에는 도서부터 장난감, 반려동물 용품, 가전제품, 수하물, 의류, 보석 등 거의 모든 종류의 제품이 올라온다. 그리고 마켓플레이스에서 다른 판매자에게 대출을 해주거나 타깃팅 광고에서 수익이 나온다.

이러한 성공에 힘입어 AWS부터 가상의 비서인 알렉사에 이르기까지 완전히 새로운 제품이 탄생했으며, 각 제품에는 자체 생태계와 수익 흐름이 있다. 2020년 2월 〈파이낸셜 타임스Financial Times〉에 보도된 바와 같이 골드만삭스는 아마존 생태계의 일부가 될 수도 있다. 로라 누난Laura Noonan은 "골드만 삭스는 아마존의 대출 플랫폼을 통해 중소기업 대출을 원활하게 할 수 있는 기술 구축에 착수했다"라고 썼다.

오늘날은 생태계를 고려하지 않은 채 고객의 마음을 끄는 아이디어를 실현하기가 사실상 불가능하다. 전통적인 기업의 리더들은 등장하기 시작한 생태계의 규모와 범위를 파악해야 하며, 아무리 많은 부분들이 복잡하게 움직이더라도 자신들의 생태계를 다시 상상해야 한다. 생태계는 소비자 개개인의 요구에 집중해야 하고, 자금을 조달받아 적절한 속도로 현금을 창출할 수 있어야 하며, 복수의 수익 흐름으로 이어져 생태계가 확장되거나 새로운 수익의 씨앗이 될 수 있어야 한다. 이것은 소비자를 상대하는 기업뿐만 아니라 B2B 기업에도 필수 사항이다.

자동차 생태계에 대한 위협

수십 년 동안 자동차 제조업체는 후방에 있는 부품 제조업체 또는 공급업체와 전면에 있는 대리점 등 일련의 독립적인 개체들로 자신들의 생태계가 구성되어 있다고 생각했다. 고위 경영진은 오직 동종 업계 내에서 시장점유율을 파악했다. 포드와 GM, 토요타, BMW 등을 비교하는 식으로 말이다. 그러나 오늘날 외부의 세력들이 한데 어우러져 산업의 경계를 허물면서, 자동차 회사들은 자신들이 누구와 어떻게 경쟁해야 하는지를 다시 인식하게 되었다.

테슬라의 창업자 일론 머스크는 전기차를 발명하지는 않았지만, 전기차를 내연기관의 실질적인 대안으로 만드는 방안을 추진하면서 배터리 기술 발전과 환경 문제를 부각시켰다. 테슬라는 2008년부터 전기차를 판매하기 시작했고, 그 후 몇 년 동안 새로운 모델을 선보이면서 판매를 촉진했다. 테슬라는 머스크의 개성 있는 성격뿐만 아니라 회사의 스타일리시한 고급 전기차로 주목을 받았다.

머스크는 미쓰비시, 푸조, 닛산, GM 등과 같은 내연기관 제조업체들이 전기자동차 개발 계획을 보류했을 때 급격한 성장을 이뤘다. 2014년 블로그에서 그는 "오픈소스 운동(소프트웨어는 물론 소스 코드를 무료로 공유하자는 움직임—옮긴이)의 정신으로, 전기자동차 기술의 발전을 위해" 자사의 특허를 공개할 것이라고 발표했다. 테슬라의 기술을 누구나 차지할 수 있을 것 같았다.

한편 카메라, 센서, 처리 능력, 원격 감지 그리고 인공지능의 발전은 자율주행 자동차를 실현했다. 1999년 이스라엘에 설립된 모빌아이Mobileye가 만든 운전자 보조 기술은 완전히 발달한 자율주행 기술로 진화했다. 2017년에 인텔이 이 회사를 인수했다.

구글은 2009년에 자율주행 자동차 사업을 시작했는데, 나중에 웨이모Waymo라고 이름 붙이고 기업을 분리했다. GM은 2016년에 자율주행 기술을 개발하던 실리콘밸리의 스타트업 크루즈 오토메이션Cruise Automation을 인수했다.

자율주행 차량(AV)을 처리하는 알고리즘은 실제로 도로 위를 달리는 자동차에서 얻은 데이터를 사용해야 한다. 웨이모와 테슬라는 이미 다년간 수집한 데이터를 가지고 있다. 다른 회사들은 피닉스, 피츠버그, 샌프란시스코, 상하이 일부 지역과 베이징 외곽에서 본격적으로 AV 도로 테스트를 시작했다. 2019년 여름, UPS는 애리조나주에서 자율주행 트럭 스타트업인 투심플TuSimple과 함께 제한된 경로로 운전자 없는 트럭을 운행했다.

그러나 지난 10년 동안 자동차 회사들과 기술 회사들은 또 다른 차질을 빚었다. 미국의 우버와 리프트, 중국의 디디추싱 같은 차량공유 기업과 충돌한 것이다. 1969년 교수이자 마케팅 전문가인 테드 레빗Ted Levitt의 유명한 말은 새로운 의미를 갖게 되었다. "소비자는 4분의 1인치짜리 드릴(충족 수단)을 바라는 게 아니라, 4분의 1인치 구멍(바라는 결과)을 원한다." 사람들은 반드시 차를 소유하기를 원하지는 않는다. 단지 한 장소에서 다른 장소로 이동하기를 원할 뿐이다.

라이드헤일러Ride-hailer들은 원하는 목적지로 가야 할 사람들과 그들을 기꺼이 데려다줄 운전자들을 연결해주는 플랫폼을 통해 그러한 필요를 충족했다. 이 편리하고 저렴한 대안은 자동차 소유라는 전제 자체에 의문을 제기했다.

라이드헤일러들은 AV에 관심을 갖게 되었고, 주기적으로 휴식을 취해야 하는 인간이 직접 운전하지 않아도 움직이는 자동차를 상상하기 시작했다. 자동차 제조업체들은 자사 제품을 승차 공유 서비스로 전환하고 AV 기술을 사용하는 데 관심을 갖게 되었고, 기술 회사들은 그들의 혁신을 실현할 방법을 모색했다.

이러한 추세는 멈추지 않았다. 자동차 제조, 승차감 향상, 기술 부문이 점차 동일한 경쟁 환경의 일부가 되었다. 오른쪽 다이어그램은 모빌리티 생태계의 복잡성을 보여준다.

자동차 업체, 기술 업체, 차량 공유 및 배달 업체들의 생태계가 영구적으로 뒤섞이게 되었다. 새로운 기술을 개발하는 데 필요한 현금을 제공하는 소프트뱅크 비전펀드와 같은 금융회사들까지 생태계의 일부이다. 소프트뱅크는 영국의 반도체 제조업체 암Arm과 또 다른 반도체 제조업체 엔비디아Nvidia의 지분을 소유하고 있다.

주요 자동차 회사들은 광범위한 참여자들과 새로운 관계를 포함하는 생태계를 근본적으로 재구성해야 했다. 기업들이 성공하기 위해서는 적어도 10개의 생태계 파트너가 필요하다고 생각한다. 오늘날 그들의 선택이 향후 몇 년 안에 그들의 '모빌리티 생태계'의 생존 가능성을 결정할 것이다. 자동차 회사들은 핵심 제품에

복잡하게 변화하는 모빌리티 생태계

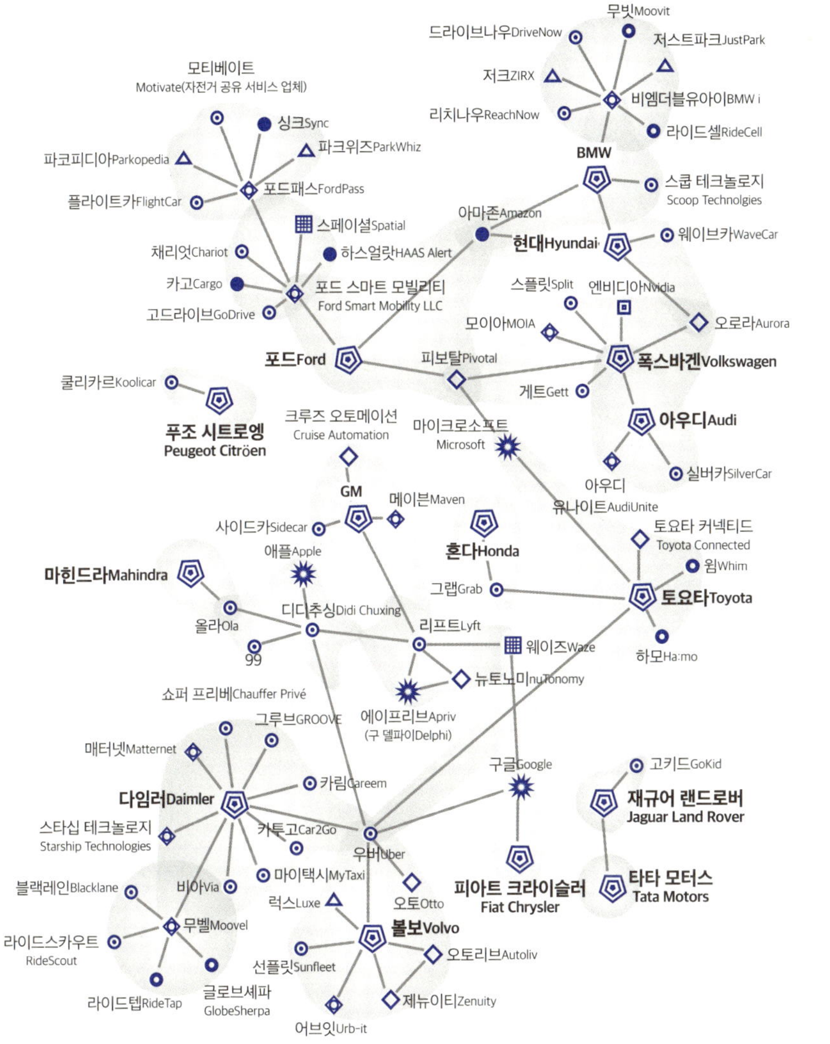

- 자동차 회사
- 테크Tech
- 모빌리티 서비스 통합업체Mobility Service Integrator
- 온보드 서비스Onboard Services(여러 가지 계측과 제어를 위한 센서를 탑재한 자동차의 상태를 진단하고 결과를 알려주는 서비스-옮긴이)
- 카셰어링/라이드헤일링/택시Car-sharing/Ride-hailing/Taxi
- 자율주행Autonomous Drive
- 배송/물류Delivery/Logistics
- 매핑Mapping
- 주차/발렛파킹Parking/Valet parking
- 대중교통/통합 모빌리티 플랫폼Public transport/Integrated Mobility Platform

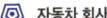

대한 수요가 감소하고 있으며, 미래를 위해 올바른 제휴를 구축하기 위해서는 현금이 필요하다는 사실을 알고 있다. 그들은 자산을 팔아서 현금을 만들어야 한다. GM은 2017년 자사의 유럽 브랜드 오펠과 보홀을 매각했고, 2020년 2월 호주, 뉴질랜드, 태국에서 사업을 접겠다고 발표했다. 포드는 인도 사업을 51% 소유하게 될 마힌드라앤드마힌드라Mahindra and Mahindra와 합작 투자로 전환했다. 모든 자동차 회사들이 생산 라인과 일자리를 줄이고 있다. 그들은 미래의 불확실성에 직면하여 운명을 바꾸는 결정을 더 빨리 내려야 한다.

자동차 업계의 새로운 생태계

자동차 산업에서 파트너십은 전례 없는 일이 아니다. 예를 들어 자동차 회사들은 엔진 개발에 협력해왔다. 그러나 오랜 경쟁자들이 지적 자본과 자원을 통합한다는 것은 사고방식의 큰 변화이다. 2018년 12월 블룸버그닷컴Bloomberg.com은 "BMW, 메르세데스, 새로운 자동차 시대에 적에서 파트너로 선회하다"라는 헤드라인으로 이러한 변화를 다루었다.

독일의 고급 자동차 제조업체들은 수십 년 동안 치열한 경쟁을 펼쳤다. 그러나 2015년에 그들은 디지털 시대가 공통성(표준화)과 속도를 선호한다는 것을 인식했다. 그래서 다임러, BMW, 아우디는 지도 시스템을 자체 개발하거나 다른 자동차 제조업체를 위한 표준을 설정하는 대신, 노키아의 지도 사업인 히어Here의 지분을 공동으로 인수했다. 자동차 기술이 더욱 정교해지고 널리 보급됨에 따라, 2018년 후반 즈음에 그들은 자동차 플랫폼, 전기자동차 배터리 및 자율주행 기술을 개발하기 위해 협력하고자 했다.

독일 자동차 회사들은 자율주행을 추구함으로써 초기 생태계에서 놀라우리만치 다양한 생태계의 기업들과 경쟁하게 된다. 2017년 중반, 리프트는 자사의 오픈소스 소프트웨어 플랫폼을 중심으로 생태계를 구축하기 시작했다. 이 회사는 자율주행 분야에서 웨이모를 포함한 여러 기술 공급업체들과 제휴를 맺었다.

2016년 우버의 중국 사업을 인수해 중국의 차량 공유 시장의 97%를 장악한 리프트의 경쟁사 디디추싱은 중국 자동차 회사 코로스Qoros가 만든 자율주행 소프트웨어를 시험해왔다.

그리고 중국 최대의 인터넷 기업 바이두는 또 다른 생태계를 구축했다. 인터넷 검색을 기반으로 중국의 구글로 불리는 거대 IT 기업 바이두는 인공지능 분야의 리더가 되기 위해 노력해왔다. 자율주행 자동차에 AI를 적용하는 것은 어떨까?

2017년 바이두는 자율주행 자동차를 따라잡을 계획이 있었다. 협력사가 자율주행 자동차 개발에 활용할 수 있는 데이터, 응용 프로그램 및 소프트웨어 코드 플랫폼 아폴로Apollo를 출시한 것이다.

이것은 구글이 안드로이드 확장을 위해 사용했던 것과 유사한 오픈 시스템 접근법이었다.

생태계 중심에 플랫폼을 구축함으로써 바이두는 후발주자의 주요 단점인 데이터 부족을 극복할 수 있었다. 14개월 만에 바이두는 마이크로소프트, 인텔, 다임러, 중국 자동차 회사 BAIC(베이징 자동차 그룹), 부품 공급업체 등 100개 협력사를 생태계에 끌어들였다. 생태계 전반에서 데이터를 수집하고 데이터 세트를 아폴로 플랫폼에 저장했다.

디디추싱은 현재 31개 자동차 회사와 부품 공급업체가 포함된 다른 생태계를 가지고 있는 바이두와 치열한 경쟁을 벌이고 있다. 디디추싱은 전 세계에서 공유 서비스에 가입한 차량으로부터 데이터를 수집한다. 그리고 폭스바겐, BAIC와 합작회사를 설립하여 자사의 자동차들을 관리하고, 특히 승차 공유 목적의 차량을 개발하고 있다.

미국 자동차 회사들도 가만히 있지 않는다. GM이 자율주행차 기업 크루즈 오토메이션을 노골적으로 사들여 생태계에 끌어들였을 때, 크루즈를 무력화하지 않기 위해 독자적인 사업체로 설정했다. 그 후 2018년 10월, GM은 현금 투자자로 혼다와 소프트뱅크를 생태계에 끌어들였고, 이들은 각각 27억 5,000만 달러와 22억 5,000만 달러를 투자해 크루즈 지분을 받았다.

생태계에서 이동과 변화는 매우 복잡하고 속도가 엄청나게 빠를 수 있다. 생태계를 형성하고 재구성하는 것은 회사의 주요 리더십 활동 중 하나여야 한다.

자사의 생태계뿐 아니라 경쟁사의 생태계도 주시해야 한다. 그 안에 있는 참여자들은 누구이며, 생태계가 어떻게 변화하고 적응하고 있는가? 그들은 소비자들에게 더 나은 서비스를 제공하기 위해 무엇을 하고 있는가? 그리고 어떠한 생태계 파트너들이 배제되어 있는가?

역량 및 매출 성장을 확장하는 생태계

생태계가 적절히 재편되면 새로운 기회와 새로운 비즈니스 모델로 이어질 수 있다. 연간 약 10억 달러의 매출을 올리며 30%의 성장세를 보이고 있는 캘리포니아 소재 IT 서비스 솔루션 기업 UST 글로벌을 예로 들어보자. 변화하는 고객의 요구를 충족시키기 위해 UST 글로벌은 생태계에서 3가지 종류의 파트너를 개발했다.

UST는 2004년 설립된 이래 대부분의 IT 아웃소싱 서비스를 제공했다. 인도에서 직원 14명으로 시작하여 안정적인 서비스와 탁월한 실행 능력으로 고객들 사이에서 평판이 높아지면서 빠르게 성장했다. 2015년까지 연간 약 7억 달러 규모의 비즈니스를 수행하면서 전 세계 최고의 소매업체, 의료업체 및 금융기관을 포함한 일부 대형 우량 고객에게 광범위한 기술 솔루션을 제공하고 있다.

사업이 호조를 보이는 동안 새로운 기술들이 자리 잡고 있었다. 기업들은 의사 결정의 품질과 속도를 개선하고 고객과 직원의 경험을 향상시키는 디지털 플랫폼을 설계하기 위해 필사적으로 도움을 요청했다.

UST는 디지털 플랫폼을 구축할 수 있는 능력이 없었고, 재교육이나 채용을 통해 이러한 능력을 개발하려면 너무 늦을 것이었다. 그래서 회사의 경영진들은 그 차이를 메울 수 있는 생태계를 구축하는 방법으로 문제를 해결했다.

2015년경 UST는 기술적인 보완을 위해 새로운 디지털 및 알고리즘 전문지식과 혁신적인 애플리케이션을 제공할 수 있는 신생 기업을 찾기 시작했다. 그들은 디지털 플랫폼을 구축하는 데 도움을 줄 수 있는 15개의 작은 회사를 찾아냈다. UST는 스타트업의 지분을 사들이거나 회사를 완전히 인수하기도 했다. 일부 회사는 여전히 독립적으로 운영되었다. UST가 고객에게 제품을 내놓는 동안에도 그들은 자사만의 자체 마케팅을 계속했다.

UST는 이러한 플랫폼 구축 업체들의 생태계를 통해 고객의 변화하는 요구를 충족함과 동시에 스타트업에서 새로운 비즈니스를 가져올 수 있었다. 작은 소프트웨어 회사들도 서로 배우면서 시장 가치를 높였다.

UST의 리더들은 우수한 명성을 유지하면서 필요한 기술력을 대거 확보함에 따라 포춘 선정 500대 및 글로벌 1,000대 기업들에게 플랫폼 설계 역량을 제공할 수 있었다. 그러한 회사들 중 일부는 이미 고객 기반을 갖고 있었지만, 그렇지 못한 다른 회사들은 고객 기반을 확보하려면 시간이 오래 걸리고 비용이 많이 들 것이다.

그들은 고객 기반이 확보되지 않은 많은 회사들에게 이미 접근했던 또 다른 일련의 생태계 파트너가 필요하다고 결정했다. UST의 계획 중 일부는 한 산업이나 분야에 있는 여러 회사들이 설계의 80%를 사용할 수 있는 플랫폼을 만드는 것이었다.

보완적인 제품이나 서비스를 보유하고 있으며 최대 규모의 기업 고객을 끌어들일 수 있는 소프트웨어 회사들과 제휴하면 플랫폼 내 모든 회사들의 매출과 시장점유율을 높일 수 있을 것이다. 대기업 고객은 보다 완벽한 서비스를 받을 수 있으며, UST의 생태계 파트너들은 UST의 명성을 활용하여 거대 기업들과 새로운 관계를 구축할 수 있을 것이다. 모두가 성장하는 것이다. 2019년까지 이러한 생태계의 일부가 발전하기 시작했다.

그 후 생태계의 다른 측면에 대한 아이디어가 떠오르기 시작했다. 지배적인 대형 정보기술 회사들은 대기업 고객을 보유하고 있으며, 고객의 문제를 해결하기 위해 끊임없이 새로운 엔터프라이즈 디지털 플랫폼을 개발하려고 한다. 고객의 영역과 비즈니스 문제를 깊이 이해하고 있는 UST는, 이러한 디지털 기업들에게는 자연스러운 협력자이다. 이제 이들은 고객이 스스로 도구와 시스템을 구축하는 데 소비하는 비용과 시간의 일부만으로 고객의 요구를 해결할 수 있는 디지털 시스템을 공동으로 제공하고 있다.

UST는 생태계 안에서 기능을 효율적으로 확장하면서 빠르게 성장할 수 있었다. 생태계는 최신 기술과 첨단기술 혁신을 위해 지속적으로 업데이트되고 확장되고 있다. 또한 300개 이상의 소규모 생태계 파트너들이 제각각 자체 기능과 고객 기반을 확장함으로써 UST는 고객에게 더 많은 서비스를 제공할 수 있게 되었다.

혼자 힘으로 경쟁하고자 하는 전통적인 기업들은 가격 인하, 물가 하락 등 다양한 측면에서 UST와 같은 생태계와 경쟁할 수밖에 없다. 단독으로 해나가려고 하면 추가 수익원을 창출할 기회를 찾기 힘들고 결국 그들의 시장가치는 하락하게 될 것이다.

지금 투자자들이 생태계 시스템과 경쟁우위를 형성하는 방법

새롭게 부상하고 있는 생태계 대부분은 아마존의 제프 베이조스, 알리바바의 마윈, 바이두의 로빈 리 등 비즈니스 리더들이 주도해왔다. 그러나 몇몇 자본투자자들은 각각의 기업들을 연결함으로써 경쟁적 지형을 형성하는 데 결정적인 역할을 하고 있다.

2017년 도쿄에 본사를 둔 대형 지주회사 소프트뱅크 그룹의 손정의 대표는 유망한 창업자들이 소위 유니콘의 지위(기업 가치가 10

억 달러 이상)를 더 빨리 얻을 수 있도록 개발 후반기에 더 많은 자금을 투자했다. 2014년 알리바바가 상장되었을 때 그가 처음 투자한 2,000만 달러는 50억 달러 이상이 되었다. 그는 소프트뱅크 비전펀드를 만들었고 사우디 아라비아의 국부펀드나 헤지펀드 등으로부터 1,000억 달러라는 어마어마한 돈을 모았다.

비전펀드의 규모가 워낙 컸기 때문에 사람들은 그 모든 자금이 효과적으로 투입될 수 있을지, 그리고 어떻게 투입될지 궁금했다. 하지만 그것은 문제가 되지 않았다. 2019년까지 우버, 암홀딩스, 위워크, 플립카트, GM크루즈 등 다양한 기업에 1,000억 달러를 모두 투자했고, 손정의는 또 다른 투자자금을 조성하기 시작했다(그는 2019년 위워크 투자에서 막대한 손실을 입었는데, 이로 인해 상당한 당혹감을 불러일으켰고 새로운 펀드의 성공 가능성에도 의구심이 제기되었다).

그러나 손정의는 단지 스케일이 큰 수동적인 투자자가 아니라 대규모 생태계를 구축하는 건축가이다. 한 회사에 대한 지분은 그 회사에 영향을 주고, 그것과 다른 유사한 회사들을 연결시키며, 때때로 다른 회사와 결합하는 것으로 이어진다. 그는 자신의 비전을 추구하는 동시에 다른 회사의 경쟁우위를 바꾸고 있는 셈이다.

모빌리티 분야에서 소프트뱅크의 움직임은 각 기업들이 어떻게 더 빠른 시간 내에 더 큰 가치를 창출하는 방식으로 결합될 수 있는지에 대한 광범위하고 원대한 시각을 보여준다.

앞으로 나아가려면 여러 시스템과 기술 플랫폼 간의 원활한 연결이 필요하며, 최신 기술 개발을 활용하고, 다양한 소비자 선호도를 충족하며, 자율주행과 같은 기술을 개선하기 위해 방대한 양의 데이터를 처리해야 한다. 손정의는 이러한 요구 사항을 충족할 수 있는 거대한 모빌리티 생태계의 여러 조각들을 조립하고 있는 것 같다. 2019년 4월 〈로이터통신〉이 보도한 바와 같이 소프트뱅크는 "3조 달러 규모의 글로벌 자동차 산업을 이끌기 위해 40개 이상의 기업에 600억 달러를 투자했다"고 밝혔다.

2014년 소프트뱅크는 알리바바와 함께 지금의 디디추싱인 중국의 라이드헤일링 회사 지분을 인수했다. 또한 우버, 라틴아메리카의 올라Ola, 싱가포르의 그랩Grab 지분도 보유하고 있다. 자동차 제조업체 토요타, 혼다, GM을 포함한 다른 업체들과 제휴하는 것은 물론 혼다에 27억 5,000만 달러, GM 크루즈에 25억 달러를 투자하기로 약속하면서 더 높은 목표를 보여주고 있다.

이러한 투자는 독립적 기업으로 행동하기 위한 것이 아니라 서로 돕기 위한 것이다. 소프트뱅크와 토요타의 합작법인 모넷 테크놀로지스Monet Technologies(모넷은 모빌리티 네트워크의 약자)를 통해 토요타의 커넥티드 차량용 디지털 플랫폼이 소프트뱅크 사물인터넷(IoT) 플랫폼과 조율을 할 수 있다. 토요타는 보다 광범위한 데이터 소스를 활용해 최종적으로는 배송 서비스를 개선할 수 있다.

다양한 주체들 간의 표준화, 조정, 공유는 핵심 기술 개발뿐만 아니라 이들을 배치하는 작업에서도 속도를 높일 것으로 기대된다. 다양한 기업이 참여할수록 상업 및 개인에게 맞춤화된 광범위한 솔루션을 제공하고, 국가 또는 주 정부의 규제에 유연하게 대응할 수 있다. 손정의는 성공 여부를 떠나 생태계의 양상은 물론 산업의 경쟁 패턴에도 영향을 미치고 있으며 일부 결정적인 역할을 하고 있다.

애플의 새로운 의료 생태계

애플은 아이팟을 중심으로 음악 생산자들의 생태계를 구축하고, 아이폰을 중심으로 앱 개발자들의 생태계를 구축하고 있다. 따라서 여러분은 애플워치 주변에 또 다른 생태계가 조성될 것이라고 예상할지도 모른다. 다만 그 생태계가 얼마나 확장될지, 그리고 애플이 그것을 만드는 데 얼마나 집중할지는 깨닫지 못할 수 있다.

애플은 가장 크고 가장 복잡한 생태계를 형성하고 있으며, 이전에 성공한 것들을 잘 활용하고 있다. 즉, 소비자에 집중하며 소비자의 개인정보를 보호하고, 돈을 벌고 인센티브를 쌓는 방법을 찾아내고, 하드웨어와 소프트웨어를 연결한다. 애플의 생태계를 뒷받침하는 핵심 아이디어는 고객이나 환자를 포함한 모든 소스에서 가져온 데이터를 자사의 머신 러닝 엔진으로 처리하고 의료 품질과 비용을 개선하기 위해 관련 데이터 공급업체에 다시 제공하는 것이다.

미국의 의료 산업 규모는 GDP의 약 20%인 13조 달러에 이르며 매년 약 6%씩 성장하고 있는 거대한 시장이다. 여기에는 의사와 병원, 보험사, 의료 연구기관, 의료기기 제조업체에 이르기까지 광범위하게 포함되어 있다. 어떤 업체들은 규모가 크고 어떤 업체들은 작다. 일부는 다른 것들보다 더 발달된 디지털 기술을 보유하고 있다. 그들의 비즈니스 모델은 그들이 준수해야 하는 규정과 마찬가지로 매우 다양하다.

환자에게 가장 큰 좌절과 가장 심각한 위험을 안겨주는 것은 다양한 업체들 사이의 정보 단절이다. 데이터가 분산되고 시스템이 호환되지 않는 것이다. 이러한 단절로 인해 많은 낭비와 과도한 비용이 발생하므로 부정행위가 감지되지 않을 여지가 많다. 설상가상으로 의사소통이 잘못되면 과잉 치료나 오류 또는 진단이 지연되어 환자의 건강에 직접적인 영향을 미칠 수 있다.

애플이 내놓은 해답은 이러한 정보의 단절을 최종적으로 완전히 극복해서 정확하고 단일한 출처가 있는 맞춤형 건강관리 엔드투엔드 경험에 초점을 맞춘 생태계를 구축하는 것이다. 팀 쿡은 CNBC의 〈매드 머니Mad Money〉의 진행자 짐 크레이머Jim Cramer에게 "미래에 '애플이 인류에 가장 큰 기여를 한 것은 무엇인가?'라고 질문한다면, '건강'이라고 답할 것이다"라고 말했다.

소비자에 대한 끊임없는 집중, 하드웨어와 소프트웨어 통합에 대한 숙달 그리고 생태계 구축 경험을 감안할 때, 애플이 의료 분야에 도전하는 것은 당연하다. 애플은 오래전부터 소비자의 개인정보

보호를 위해 노력했기에 환자의 개인정보 보호에 대한 신뢰를 얻을 수 있다. 그리고 세계적인 앱 개발자 군단들과 전 세계 9억 명의 사용자들을 보유하고 있다(공항이나 리무진 등에 달린 아이폰 충전기를 보라).

애플은 의료 생태계를 정확하게 개별 소비자에 맞춘다. 모든 것은 개인을 중심으로 이루어지며, 개인의 건강 데이터는 그 개인의 통제하에 있다. 애플은 의료 기록이 한 곳에서 하나의 형식으로 통합될 수 있는 수단은 물론 환자와 보호자가 제공하는 데이터 흐름에 따라 필요한 안전장치를 제공한다. 또한 의료 연구에 사용할 수 있는 데이터를 통합하고 암호화한다.

데이터를 표준화하면 기록 보관에 투입되는 비용을 없애고 부당한 청구서를 탐지할 수 있다. 또한 다양한 의료에 대한 데이터를 다른 사람이 사용할 수 있으므로 환자가 의사나 병원을 바꾸더라도 기록이 없어지지 않고 의사는 환자의 의료 이력을 더 자세히 볼 수 있다.

더 많은 데이터에 접근할 수 있게 되면, 연구원들은 약물 임상시험에 적합한 후보자들을 선별할 수 있을 뿐 아니라 수많은 방법으로 데이터를 분석할 수 있다. 그렇게 되면 의약품과 의료기기를 개발하는 속도가 더 빨라진다.(세계적인 제약회사 암젠Amgen은 이미 개발 주기를 5년으로 단축했다.)

또한 21세기에는 데이터가 약물이나 시술 효과에 대한 더욱 강력한 증거를 제공하면서 규정을 만들 수 있다.

삼성과 가민Garmin 같은 가전제품 제조업체들뿐만 아니라 아마존과 알파벳도 고객의 건강관리에 관심을 두고 있다. 애플의 소비자 중심 의료 생태계가 기준을 정할지, 아니면 다른 업체들과 제휴할지 지켜볼 일이다. 그러나 애플을 지나치게 낙관적으로 보거나 미래 지향적이라고 생각할 필요는 없다. 물론 애플의 광범위한 의료 생태계 구축은 이미 진행 중이다.

2013년과 2014년에 애플은 의료기기, 센서 기술, 피트니스 분야의 전문지식을 갖춘 수많은 인력을 채용했다. 스템셀 테라노스틱스Stem Cell Theranostics를 공동 설립하기 위해 스탠퍼드 대학교를 중퇴한 23세의 디브야 나그Divya Nag는 애플의 특별 프로젝트 그룹에 영입되었다. 나그는 이 작업을 "근본적으로 의료의 경계를 허물고 의료의 미래 모습과 애플이 그 안에서 어떤 역할을 할 수 있는지를 꿈꾸는 것"이라고 설명했다.

2014년 6월, 애플은 아이폰에 헬스 기능을 도입했다. 개인이 그날 얼마나 많이 걸었는가와 같은 기본적인 건강 정보를 수집하는 기능이다. 그 후 여러 소스의 데이터를 호환하고 독립 개발자가 데이터를 활용할 수 있는 앱을 만들 수 있는 소프트웨어 플랫폼 헬스키트HealthKit가 등장했다.

애플은 뒤이어 앱 개발자들을 위한 또 다른 도구 세트인 리서치키트ResearchKit를 내놓았는데 이는 의학 연구를 위한 것이다. 2016년 유전자 분석 업체 23앤드미는 연구용 키트와 데이터를 통합해 연구원들이 유전자 정보를 활용할 수 있도록 했다.

개인의 건강에 대한 데이터는 간병인들이나 연구실에서 나오지만, 웨어러블 기기를 통해 실시간으로 수집되기도 한다. 따라서 애플워치는 생태계에서 중추적인 역할을 한다. 애플워치는 사람의 몸에서 직접 데이터를 생성한다. 개인은 이 정보를 자신의 건강 상태를 모니터링하는 데 사용할 수도 있고, 정보를 즉시 처리하는 알고리즘에 직접 제공할 수도 있다.

2018년 12월 FDA(미국 식품의약국)는 알고리즘을 사용하는 애플워치의 2가지 옵션 기능을 승인했는데, 하나는 불규칙한 심장 박동을 감지하는 것이고, 다른 하나는 애플워치 시리즈 4의 전기 센서와 심전도 앱 및 알고리즘을 결합한 것이다. 2가지 모두 심방세동(심방 잔떨림)이나 다른 심장질환의 조기 경고 신호를 제공하는 것이다.

앱과 물리적 장치 그리고 소프트웨어 간의 연결성보다 더 놀라운 것은 애플이 보험사, 연구원, 연구소와 제휴를 맺는 속도이다. 애플은 수면 무호흡, 뇌진탕, 우울증, 자폐증과 같은 문제들을 다루기 위해 스탠퍼드 의과대학과 뉴욕대학교 랭원 의료센터를 포함한 6개 이상의 선도적인 연구기관들과 연구를 시작했다. 신경학과 교수 그레고리 크나우스 Gregory Knauss와 네이슨 크론 Nathan Crone 그리고 존스홉킨스 의과대학 연구원들은 간질 발작 연구를 위한 데이터를 기록하는 데 애플워치를 사용했다.

애플은 건강보험사 애트나, 유나이티드헬스와 제휴를 맺기도 했다. 두 보험회사는 건강 목표를 달성하도록 사람들에게 동기부여를 하는 프로그램에서 애플워치를 사용하고 있다. 그 밖에 애플은 메디케어 플랜과 유사한 합의를 논의 중이라고 한다.

미국 전체 병상의 14%를 차지하는 약 25개의 주요 병원 시스템과 수백 개의 의료 서비스 제공업체 및 연구소는 애플의 전자 의료 기록 시스템에 연결되어 있다. 2018년 애플은 직원들을 위해 AC 웰니스 클리닉을 열었는데, 이는 소비자 중심 데이터를 훨씬 더 유익하게 사용할 수 있는 시험장이 될 것이다.

어떤 강력한 생태계에서도 마찬가지겠지만 애플은 선순환 구조를 만든다. 연구자들은 보다 세분화된 데이터에 접근할 수 있고, 제공자는 증상 및 치료에 대한 정보를 적시에 얻을 수 있으며, 소비자는 여러 곳에서 나온 자신의 의료 정보를 더 잘 통제할 수 있다. 관료적인 시스템이 줄어들면서 비용과 위험도 줄어든다. 모든 사람이 의료 혁신을 촉진하고 의료 개선에 박차를 가하는 데 참여한다. 애플은 쉽게 데이터를 수집해서 자체 소프트웨어와 장치를 개선하는 데 사용할 수 있다. 애플은 개인의 라이프사이클 중 일부를 위한 솔루션을 개발하는 스타트업을 이러한 생태계에 끌어들인다.

병원, 연구소, 제약회사뿐만 아니라 애플과 경쟁하는 모든 기업들은 발전하고 있는 대규모 의료 생태계의 일부가 될 것인지, 아니면 스스로 생태계를 만들 것인지 결정해야 한다. 이러한 생태계의 일부는 이미 시작되었다. 메이오 클리닉Mayo Clinic과 보스턴에 있는 브리검앤드위민스 병원은 IBM, 마이크로소프트, 아마존과 환자 식별 데이터를 공유하기 시작했다.

생태계 관리하기

생태계를 관리하려면 특정 리더십이 필요하다. 정확히 그러한 경험을 가진 사람은 거의 없고, 헤드헌터들이 쉽게 찾을 수 있는 직업 범주가 아니다. 경영진들은 메트릭스 설계, 지적재산권 공유 문제 해결, 계약 협상 및 퇴사 조항 등에 적합한 인재를 발굴해야 한다.

결론적으로 다른 문화권의 사람들과 다른 인센티브로 관계를 맺는 일이다. 담당자가 CEO에게 직접 보고하고, 전체 부서 사람들이 하나의 팀을 이루는 것이 이상적이라고 생각한다.

생태계는 결코 영구적이지 않다. 세계가 이처럼 무서운 속도로 움직이고 있기 때문에 기술 변화는 계속 가속화되고, 소비자의 기대는 계속 진화하고 있으며, 새로운 파트너십을 찾고 오래된 파트너들을 퇴출하는 것이 일상화되었다. 또한 성공적인 생태계 파트너들에게는 다른 기업이나 생태계가 접근할 가능성이 높기 때문에 기존 관계도 계속 신경 써야 한다. 수익 풀이 변화함에 따라 데이터와 수익 측면에서 생태계를 균형 있게 유지하는 것이 지속적인 과제이다.

그러나 가장 중요한 과제는 생태계 전체를 구상하는 것이다. 그것이 소비자들에게 어떤 경험을 제공할 것인가, 파트너들이 서로의 능력을 어떻게 향상시킬 것인가, 그리고 성공을 어떻게 측정하고 공유할 것인가 등의 문제이다.

모든 사람들이 대규모 비즈니스 플랫폼을 구축할 수 있는 지식을 가지고 있지는 않다. 누구나 대담하게 거대한 생태계를 구상한다거나 다른 회사들을 자기들의 생태계로 끌어들일 수는 없을 것이다.

한 가지 도움이 될 만한 것이 있다면 바로 알고리즘에 대한 지식이다. 알리바바의 설립자 마윈처럼 기술의 귀재가 될 필요는 없다. 아마존이 온라인에서 책만 팔았을 때처럼 더 단순한 생태계 버전부터 시작해도 된다.

알고리즘을 배우려는 노력을 기울인다면 제품을 대규모로 커스터마이징(주문 제작)하는 등 이전의 장애를 극복하는 방법을 알게 될 것이다. 디지털 기술에 대한 기본적인 실무 지식을 익히면 더 넓은 범위에서 상상력을 발휘해 용기와 의지를 가지고 일을 추진할 수 있다. 이 모든 것은 디지털 시대에 강력한 생태계를 설계하는 데 반드시 필요한 요소이다.

이제 디지털 시대에 경쟁력을 창출하는 몇 가지 요소를 알게 되었다. 항상 그렇듯이 기업은 주주들을 위한 가치도 창출해야 한다. 그렇지 않으면 기업의 모든 구성원들이 하향 곡선을 경험할 것이다. 다음 장에서는 디지털 기업이 성장을 촉진하는 동시에 고객과 주주에게 더 나은 서비스를 제공할 수 있는 새로운 수익 모델을 창출하는 방법을 알아본다.

디지털 시대에 맞는 수익 구조

Rethinking
Competitive Advantage

RULE 4

막대한 현금을 창출하는 수익 구조를 만들어라.

　처음부터 IT 기반으로 사업을 시작한 본 디지털 기업은 고객들을 위한 고속 경쟁, 수익 성장, 콘텐츠 및 사람들의 관심권 내에 도달하기 위해 초기에 엄청난 현금을 투자했을 것이다. 그들의 주당 순이익은 수십 년은 아니더라도, 수년 동안 제로이거나 상당 부분 마이너스일 수 있다. 그런데도 그러한 기업들은 필요한 자본을 가지고 있는 듯하다. 왜냐하면 일부 투자자들은 디지털 회사의 리더들의 생각을 알고 있기 때문이다. 디지털 시대에는 수익 구조가 다르다. 물론 수입, 현금, 총이윤, 비용 구조 및 자금 제공과 같은 수익 요소는 이전과 동일하다. 그러나 강조하는 부분과, 패턴, 시기, 그리고 수익 요소 간의 관계가 다르다. 이와 같은 차이를 활용하여 소비자와 주주들에게 동시에 가치를 창출하는 것이 새로운 종류의 비즈니스 지식이자 경쟁우위의 원천이다.

처음 아마존이 온라인에서 책을 판매하기 시작했을 때는 자금 투자가 상대적으로 적었다. 왜냐하면 고객들은 책값을 즉시 결제했고, 아마존은 출판사에 몇 달 뒤에 돈을 지불했기 때문이다. 그러나 소매를 늘리기 위해 규모를 키워야 하는 시점에 이르렀을 때는 현금 투입이 폭발적으로 증가했다.

특히 판매자와 소비자 모두 이용하는 쌍방향 플랫폼을 구축하고 있는 디지털 기업은 초기에 어마어마한 현금 투자가 필요하다. 예를 들어 에어비앤비나 우버는 소비자를 위한 가치를 창출하기 위해 수요 측면과 공급 측면에서 최대한 많은 사용자를 확보해야 한다.

오늘날의 디지털 대기업들은 자금 투자자들이 오랜 기간 막대한 현금을 기꺼이 제공하고, 때로는 다른 자금 투자자들과 협력해서 더 많은 돈을 지원했기에 사업을 할 수 있었다. 소프트뱅크가 2016년 스타트업의 대규모 성장을 돕기 위해 1,000억 달러 규모의 비전펀드를 출범했을 때, 손정의 대표가 투자할 수 있는 충분한 기회를 찾는 것은 고사하고 그만큼의 자금을 조달할 수 있을지 회의적인 시각이 많았다. 그러나 그는 소프트뱅크 자체 투자액인 280억 달러에 더해 사우디 아라비아의 국부펀드와 아부다비의 무바달라 투자회사 그리고 다른 곳들로부터 수십억 달러를 추가로 투자받았다.

비전펀드는 88개 디지털 기업에 투자했다. 비전펀드의 계획은 스타트업이 빠르게 성장할 수 있도록 자금을 댄 후 창출한 가치에 상응하는 수익을 거두기 위해 기업을 공개하는 것이었다. 소프트뱅크는 비전펀드로 투자한 알리바바가 수십억 달러의 성장을 거뒀고, 플립카트 지분을 월마트에 매각해서 60%의 수익을 얻었다. 그러나 2019년, 시장은 현금을 빨아들인 스타트업들의 기업공개IPO에 관심이 없었다. 예를 들어 우버는 IPO 이후 주가가 자유낙하를 해서 IPO 가치의 약 3분의 2 정도에 머무르면서 비전펀드의 지분 가치가 크게 위축됐다. 몇 달 후 슬랙Slack의 주가는 IPO 이후 큰 폭으로 하락했다. 위워크는 IPO를 연기해야 했고 주가를 계속 띄우기 위해 소프트뱅크로부터 95억 달러를 긴급 수혈받아야 했다.

시장가치가 바닥으로 떨어졌고 모든 투자가 큰 성과를 거두지 못했지만 유망한 디지털 기업들은 계속해서 자금을 끌어들이고 있다. 타이거 펀드Tiger Fund, 텐센트, 세쿼이아Sequoia 등은 현금이 필요하고 규모를 확장할 수 있는 회사들을 계속 찾고 있다.

모든 회사는 디지털 기술이 어떻게 수익 구조의 기본을 바꾸는지 이해해야 한다. 이러한 차이를 이용할 수 있는 수익 구조를 가진 일부 기업에 자금이 쉽게 유입된다는 사실을 알아야 한다. 예를 들어 디지털 기업은 저렴한 가격과 개인 맞춤 경험을 제공함으로써 번영할 수 있다. 투자 회사들은 디지털 기업의 이점을 확대할 기회를 잡기 위해 기꺼이 지원하는 것이다. 공격적인 재정 지원을 통해 일부 스타트업과 심지어 디지털 대기업도 자금 없는 경쟁업체가 따라잡을 수 없는 속도로 앞서 나갈 수 있다. 강력한 디지털 수익 모델과 과감한 자금 조달을 이기기는 어렵다. 이러한 지원을 받지 못하는 기업은 경쟁우위를 점하기 힘들며, 경쟁 질서를 영구적으로 변경할 수 있는 다른 기업에 비해 매우 취약하다.

현금 매출총이익

사람들은 초기의 아마존을 지켜보면서 회사가 이익을 낼 때까지 투자자들이 얼마나 오랫동안 기다릴 수 있을지, 그리고 나중에는 왜 그렇게 주가가 과대평가됐는지 궁금하게 생각했다. 공매도자(주가 하락에서 생기는 차익금을 노리고 실물 없이 주식을 사는 사람—옮긴이)들은 주주들이 대거 이탈할 것이라고 여러 차례 강조했다. 2013년 어느 대기업 CEO는 2012년 아마존의 마이너스 수익에 주목하며 "닭들이 보금자리로 돌아올 것"이라고 장담했다. 그러나 제프 베이조스는 처음부터 끊임없이 확장되는 생태계를 활용하여 디지털 플랫폼을 중심으로 고객 경험을 지속적으로 개선하고 고객 기반을 구축하는 데 중점을 두고 사업을 계속했다.

베이조스는 월가의 인기 지표인 주당순이익이 아니라 매출 증가와 현금 총이익에 초점을 맞추었고, 아마존은 엄청난 현금을 축적해왔다.

디지털 플랫폼 덕분에 기존 시스템에 새롭게 추가되는 비용을 점진적으로 낮출 수 있기 때문에 소비자에게 더 나은 서비스를 더 저렴한 가격으로 제공할 수 있다. 넷플릭스 신규 가입자가 이미 제작한 시리즈를 보고, 아마존이 이미 구축한 전자상거래 사이트에서 제3자가 자기 제품을 판매하는 데 드는 비용은 제로(0)에 가깝다.

새롭게 추가되는 각 요소에 드는 비용이 줄어드는 만큼 고객에게 혜택이 돌아가므로 기존 고객을 유지하고 신규 고객을 유치할 가능성이 높아진다. 수입이 증가하면 매출총이익도 증가한다.

매출에서 직접비용을 뺀 매출총이익은 종종 백분율로 표시된다. 2002년 아마존이 처음으로 보고한 매출총이익은 25%였다. 2018년에는 매출총이익이 40%였다.

그 숫자들이 얼마나 많은 현금을 나타내는지를 생각해보라. 2002년 아마존의 매출은 39억 3,000만 달러였고, 그 금액의 25%는 9억 8,300만 달러였다. 2018년 매출액은 2,320억 달러로 급증했는데, 그중 40%는 무려 930억 달러이다. 이것은 아마존이 성장이나 배당금에 할당할 수 있는 현금이다.

여기서 수익률 증가 법칙의 힘이 십분 발휘된다. 디지털 기업은 매출이 증가하고 매출총이익의 비율이 개선됨에 따라 현금 매출총이익이 기하급수적으로 증가한다. 본질적으로 그것들은 현금인출기가 된다. S-곡선은 다음과 같이 급격히 상승한다.

본 디지털 기업의 매출총이익은 경쟁 기업의 매출총이익보다 높

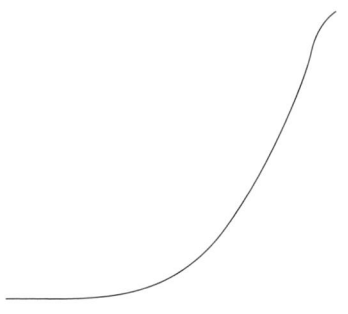

디지털 기업의 기하급수적인 수익 증가

다. 2018년 아마존의 매출총이익은 40%인 반면 월마트의 매출총이익은 25% 안팎이었다. 넷플릭스는 마이너스 수익에도 불구하고 매출총이익은 건재했다.

더 높은 매출총이익은 부분적으로 디지털 회사의 이점이지만, 현명한 리더들은 매출총이익을 관리하여 이점을 확장한다.

매출총이익은 회사 수익 모델의 MRI와 같다. 가격, 직접비용, 반복 사용, 할인, 서비스, 고객 및 생태계 파트너의 조합이 적절한지를 보여준다. 제프 베이조스는 항상 매출총이익을 주시한다. 스티브 잡스도 그랬다. 애플의 매출총이익은 약 39%로 전 세계 모든 컴퓨터 및 휴대폰 제조업체 중 가장 높다. 본 디지털 리더들은 일단 탄탄한 매출총이익을 갖게 되면 규모를 키웠을 때 막대한 보상을 얻을 수 있다는 것을 알고 있다.

리더들은 묻는다. 회사가 원하는 매출총이익을 얻을 수 있을 만큼 고객들이 이 가격을 지불할까? 그렇지 않다면 어떻게 해서 우리가 매출총이익을 증대하는 방식으로 더 많은 수익을 얻거나, 새로운 서비스를 도입하거나, 우리가 내놓은 제안을 변경하거나, 수익을 얻기 위해 더 많은 현금을 투자할 수 있을까? 우버의 매출총이익은 50%이다. 60%에 도달할 수 있다면 늘어난 현금을 활용해 운전자들을 유치하고 유지할 수 있기 때문에 회사 입장에서는 매우 좋을 것이다. 그러나 매출총이익이 삐끗하면 휘청거릴 수 있다. 매출총이익 60%를 실현하려면 경쟁이 치열한 시장에서 혁신과 비용 절감이 반드시 필요하다.

매출총이익을 분석하는 것은 숫자 놀음이 아니다. 데이터 및 분석 도구를 사용하여 매출총이익을 생성하는 요소가 무엇인지를 알아내고 변화를 위한 의사 결정을 내려야 한다. 구독자를 위해 어떤 영화를 제작해야 하며 비용은 얼마가 들까? 데이터와 알고리즘을 통해 그 해답을 알 수 있지만 리드 헤이스팅스와 같은 의사 결정권자들은 어떤 요소를 변화시킬지 직관적으로 안다. 다음에는 어떤 사업을 시작할까? 크라우드 소싱과 분석을 통해 결정할 수도 있지만 제프 베이조스가 처음 온라인으로 책을 판매하기 시작했을 때처럼 결정은 어느 정도 직관적으로 이루어진다.

현금 투자

디지털 대기업들은 또한 현금을 사용하는 방법, 즉 어디에 투자해야 하는지, 얼마나 빨리 투자해야 하는지에 집중한다. 그들은 수익과 매출총이익에서 매우 높은 비율의 현금을 기꺼이 투자할 수 있다. 심지어 많은 현금을 벌어들일 때도, 추가 자금을 유치하기 위해 외부로 눈을 돌린다.

월스트리트가 한 기업의 가치를 측정하는 주요 척도로 EPS를 사용하고 있는 반면 디지털 대기업들은 EPS의 등락 때문에 재정 지원을 받지 못하는 일이 벌어지지 않도록 한다. 점진적으로 EPS를 향상하겠다는 마음이 전통적인 기업들에게 뿌리박힌 것처럼, 디지털 리더들에게는 폭발적인 성장을 바라는 마음이 가슴 속 깊이 새겨져 있다.

디지털 세계에서 투자가 미약하거나 지연되는 것은 경쟁적으로 불리한 위치에 서는 것이다. 기존 기업들이 그러한 상황에 처해 있다. 그들이 새로운 S-곡선(기하급수적인 수익 곡선) 사업에 자금을 투자하려고 해도 현금을 유통하기 힘든 상황에 빠진다. 왜냐하면 그들은 현금을 창출하는 핵심 사업을 소홀히 할 수 없기 때문이다. 많은 기업들이 회사나 업계 전반의 가격 압박으로 인해 물량, 매출 및 매출총이익 감소에 직면하고 있다. 그들은 경쟁력을 유지하기 위해 가격을 인하해야 하고, 줄어드는 이윤을 벌충하기 위해 경쟁사를 인수해야 할 수도 있다. 미래를 건설한다는 의도로 관리함에도 불구하고 주로 핵심 사업에 힘을 쏟는 경향이 있다.

대담하게 현금 투자가 이루어져야 하는 시점은 논란을 야기하는 부분이자 회사의 미래에도 결정적인 역할을 한다. 어떻게 하면 핵심 비즈니스를 지속하면서도 디지털 비즈니스를 순조롭게 추진해나갈 수 있을까? 임원 회의에서 이러한 주제들을 논의할 때면 사람들은 두려워하고 좌절한다. 한 회사의 핵심 사업을 맡고 있는 리더는 원색적인 감정을 드러내며 걱정스럽게 다음과 같이 말한다. "내 사업 부서에서 이 모든 현금을 창출하고 있는데, 당신은 그것을 매우 불확실한 벤처사업에 투자하기를 원하는군요. 빠른 속도로 현금을 갉아먹을 게 분명한데 말이죠. 매출이 줄어드는 것을 막으려면 그 현금이 필요해요. 안 그러면 우리는 양쪽 사업 다 망할 겁니다."

일부 기업들은 별도의 회사를 만들어 외부의 자금을 끌어와서 유동성 함정(경제주체들이 돈을 움켜쥐고 시장에 내놓지 않는 상황—옮긴이)을 관리한다. 또 다른 기업들은 핵심 사업을 완전히 접고 완전히 새로운 사업에 자금을 투입하기로 결정한다.

세계 3위의 자동차 부품업체 델파이는 2017년 기술 개발에 현금을 투자하고 자본을 유치하기 위해 회사를 2개로 분리했다. 델파이 테크놀로지는 파워트레인 개발에 초점을 맞추고, 앱티브Aptiv는 자율주행차 기술에 초점을 맞췄다. 당시 델파이 수석 부사장이자 최고기술책임자였던 글렌 드 보스Glen De Vos는 이렇게 말했다. "갑자기 2가지 유형의 투자자들이 생겨나고 있습니다. 파워트레인(차를 굴러가게 하는 동력장치 – 옮긴이) 투자에 집중하는 사람들은 더 많은 기술에 초점을 맞추고 있는 투자자들로부터 멀어지고 있습니다. 우리는 현재 전망이 좋고 탄탄한 2개 사업을 하고 있는 중요한 시점에 와 있습니다. 그러나 어느 시점에서는 자원 소비, 자본 투자 측면에서 사업체들이 서로 충돌하기 시작할 것입니다."

본 디지털 기업은 현금 창출이 긍정적으로 변하는 시점에 이르면, 그 현금을 소비자를 위한 다음 단계의 혁신에 투자하거나 또 다른 큰 시장에서 새로운 S-곡선을 창출할 사업에 투입할 수 있다. 구글, 알리바바, 아마존, 어도비, B2W는 현금을 새로운 사업 계획에 할당하고 더 많은 현금을 벌어들인다. 경영진이 고객에게 초점을 맞춰 혁신을 실행한다면 기업은 영속적으로 현금을 창출해내는 탄탄한 기업이 될 것이다.

아마존은 새로운 분야의 소비자 경험을 확장할 때나 다른 영역을 개척할 때마다 현금을 투자한다. 대규모로 진행되는 하나 이상의 다각적인 실험에 자금을 대는 것이 아마존의 패턴이다. 계속해서 전망이 보이는 실험들은 추가 자금을 받는다. 베이조스도 빠르게 인정했듯이 비록 실패도 있었지만, 성공하면 더 많은 실험을 할 수 있는 막대한 현금이 창출되고 잠재적으로 큰 보상을 얻을 수 있다. 아마존의 현금 매출총이익은 2017년 약 600억 달러에서 2021년 1,600억 달러로 예상된다. 이것은 자체 칩 제조 부서나 양자 컴퓨터 또는 기타 잠재적인 새로운 계획에 충분한 자금을 투자할 수 있는 규모이다.

공격적으로 성장을 추구하는 디지털 대기업들은 수익성이 없는 영역에서 재빨리 손을 떼고 가능성이 높은 곳에 현금을 재할당한다. 빠른 변화는 그들에게 제2의 천성이다. 소비자에게 집중하고 새로운 아이디어를 초기에 테스트함으로써 고객이 값을 지불하지 않을 제품이나 서비스에 자원을 낭비하지 않는다. 고객이 관심을 갖는 것에 자원을 투자한다는 개념이다. 이들은 베팅을 하기 전에 데이터를 사용하여 실험과 테스트, 분석을 철저하게 한다.

디지털 기업의 자본비용은 운영비용

초기에는 디지털 회사마다 들어가는 비용이 다르다. 마케팅과 프로모션을 통해 고객을 확보하고, 소프트웨어 엔지니어를 고용해 디지털 플랫폼을 구축 및 유지하고, 데이터를 수집하고 생태계를 개발하는 데 돈을 투자한다. 본 디지털 기업과 전통적인 기업 사이에는 운영비와 G&A(일반관리비) 2가지 영역에서 극명한 차이가 있다.

대부분의 기업은 오랜 기간 동안 어떤 종류의 자본 지출을 평가하기 위한 강력한 프로세스를 보유하고 있다. 일반적으로 투입되는 자금과 수익을 나타내는 IRR(내부수익률) 또는 ROI(투자수익률)와 같은 지표는 투자를 승인하거나 거절하는 데 사용된다.

디지털 회사의 자본비용은 운영비처럼 보인다. 이들의 비즈니스 기반은 자본비용이 필요한 건물이나 제조 장비와 같은 유형의 하드웨어 자산이 아니다. 미래를 건설하는 비용은 소프트웨어 개발자와 다른 기술 전문가들에게 지불되는 보상, 외부 소프트웨어 및 서비스에 대한 라이선스, 그리고 규모를 구축하기 위한 마케팅에 투여된다. 이러한 지출은 손익계산서에 운영비(opex)로 기록된다. 일반적인 회계 원칙에 따라 재무제표에 등재된 이러한 영업비용은 현재의 수익을 감소시킨다. 주당순이익도 타격을 받는다. 그러나 세금 공제가 가능하기 때문에 현금이 증액된다.

일부 기업가들은 부정적인 EPS에 겁먹지만 디지털 기업의 리더들은 그것 때문에 성장 욕구를 억제하지는 않는다. 수년간 꾸준히 수익이 상승한 아마존은 2019년에도 성장에 박차를 가하겠다는 신호탄을 쏘는 것에 거리낌이 없다. 〈뉴욕타임스〉의 헤드라인은 바로 그 점을 지적했다. "아마존의 이윤은 회사가 성장을 추구하면서 하락한다." 아마존은 자체 배송 서비스를 서두르고 있었다. 공항 근처에 물류 센터와 유통 시설 및 허브를 구축하는 데는 현금 매출총이익의 절반 이상에 해당하는 비용이 든다. 베이조스는 고객들에게 더욱 빨리 배송하기 위해 기꺼이 그 비용을 지출했다. 아마존의 성장률을 일반적인 소매업체 수준으로 낮추면 운영비가 줄어들어 주당순이익이 크게 증가할 것이다.

디지털 기업이 막대한 비용을 지출하는 것을 자원 낭비로 해석해서는 안 된다. 디지털 플랫폼을 구축하고 원하는 규모로 성장하기까지 몇 개월 내지 몇 년 동안은 비용을 효율적으로 사용하지 못할 수도 있지만, 비용을 줄이기 위해 기술을 사용하지 않은 채 오래 성공을 유지하는 디지털 기업은 없다. 아마존은 강력한 규율을 통해 비용 억제와 관료주의를 최소한으로 유지한다. 디지털 플랫폼과 AWS에서 막대한 수익을 창출하고 더불어 알고리즘과 로봇 자동화를 활용하면 G&A(일반관리비)가 매출의 2%에도 미치지 못한다.

아마존의 낮은 G&A 비율은 일부 회사에서 유용하게 벤치마킹할 수도 있지만, 구체적인 수치와 패턴은 회사의 수익 모델에 따라 다르다. 오프라인 매장에 대한 벤처 투자가 아마존의 일반관리비에 어떤 영향을 미칠지, 그리고 온라인 점유율을 높이면 월마트의 주가가 어떻게 변동할지 지켜볼 일이다.

우버는 치열한 경쟁에 직면한 데다 사람에 대한 의존도가 높기 때문에 매출의 상당 부분을 영업과 마케팅(28%) 그리고 연구개발(18%)에 지출하고 있다. 최근 몇 년 동안 회사의 경쟁력이 높아지고 성장 속도가 빨라지면서 이 비율은 낮아졌다. 매출은 2016년부터 2017년까지 2배, 2017년부터 2018년까지 42% 성장했다. G&A는 2016년 매출의 26%에서 2018년 13%로 크게 줄어들었다.

디지털로 전환하고 있는 기업은 비용 구조를 완전히 재조정해야 한다. 대부분의 비용이 패턴을 감지하고 이상 징후를 찾기 위한 알고리즘을 분석하는 데 투입되어야 한다. 데이터 사용이 증가함에 따라 하루하루 생산성이 향상되어 매출총이익이 증가하고 소비자 가격이 낮아질 수 있다. 은행 업무에서는 52%의 비용 비율(총지출을 수익으로 나눈 값)이 일반적이다. 하지만 한 은행의 CEO는 디지털화를 위해 비용 비율을 35%로 낮춰야 한다고 말했다. 그가 벤치마킹을 하려는 것은 핀테크FinTech라는 새로운 분야이다. 그는 옛날 방식으로 일을 해서는 목표에 도달하지 못한다고 강조했다. 그들은 정부 규제를 피할 수 없었고 데이터 분석을 통해 낭비를 제거하고 의사 결정을 개선하는 방법이 무엇인지 근본적으로 고민해야 했다. 필자의 연구에서는 기업들이 비용 절감 목표를 30% 또는 50%로 정하는 것을 주목하고 있다.

또한 디지털 대기업은 조직 계층이 적고 관료주의가 없기 때문에 그로 인한 비용이 절감된다. 피델리티 웰스 매니지먼트Fidelity Wealth Management는 디지털 비즈니스로 전환한 후 단 3개의 조직 계층으로 재구성하여 책임성을 잃지 않고도 의사 결정과 속도를 개선할 수 있었다(7장 참조).

매출 및 성장 궤적

디지털 기업은 기존 고객을 지속적으로 유지하면서 반복적인 수익을 창출할 수 있는 기술적인 도구를 갖추고 있다. 디지털 연결을 통해 고객이 쉽게 참여할 수 있고 더 유용한 데이터를 생성할 수 있다. 그런 다음 알고리즘을 통해 고객 이탈을 포함한 특정 행동의 원인을 파악하고 고객 경험을 개선하는 방법을 테스트할 수 있다.

이러한 노력을 통해 이탈률(신규 고객 대비 감소된 고객 비율)을 줄일 수 있으며, 결과적으로 비용을 절감한다. 넷플릭스는 3년 동안 탈퇴 이후 돌아오지 않는 고객의 인구통계, 콘텐츠 관련성 등을 분석해 이탈을 줄이는 알고리즘을 개발했다.

넷플릭스, 어도비, 아마존과 같이 구독 판매를 하면 반복되는 수익 흐름을 예측할 수 있다. 정기구독은 회사가 제공하는 연금과 같아서 고객의 잦은 이동이 줄어든다. 이것은 고객들에게도 편리하고 비용도 절약된다. 어도비 고객들은 구독을 통해 초기에 많은 비용을 들이지 않고 소프트웨어를 사용할 수 있다.

그러나 구독으로 인한 수익은 고객 경험만큼만 창출된다. 넷플릭스는 데이터와 알고리즘을 잘 활용할 수 있지만, 고객이 진정으로 원하는 것을 제공하지 못한다면 고객들은 다른 스트리밍 옵션으로 갈아타게 마련이다.

기존 고객에게 새로운 경험을 제공하는 기업은 새로운 수익 흐름을 창출하며 여기에 드는 비용은 제로(0)이다. 단순히 상품을 재편성하는 것만으로도 새로운 수익을 얻을 수 있다.

궁극적으로 기업의 생존 가능성을 결정하는 것은 현금 지출(EPS 억제)을 효율적인 수익으로 전환할 수 있는 능력이다. 이것은 단순히 기존 궤도를 확장하는 것이 아니라 완전히 새로운 현금 창출 궤적을 시작하는 것이다. 소비자의 습관과 기대의 유통기한이 극히 짧기 때문에 경쟁우위를 점할 수 있는 시간적 여유도 상당히 줄어들었다.

디지털 대기업들은 수익 증가를 하나의 궤적이 아니라 일련의 S-곡선으로 보고 있으며, 각각의 수익 증가는 그들이 실험하고 테스트한 좋은 아이디어의 결과이다. 시장에 적합한 제품을 개발해서 크게 성공한다면 다른 분야에도 자금을 댈 수 있다. 애플의 아이패드, 아이튠즈, 아이폰은 동시에 출시되지 않았다. 하나가 성공해서 다음 제품에 자금을 지원한 것이다. 엄청난 규모로 성공하면 막대한 자원을 투자해서 새로운 무언가를 만들어낼 수 있다. 아마존은 전자상거래의 성공으로 다른 많은 실험들을 할 수 있었는데, 그중 일부는 보기 좋게 실패했지만 일부는 엄청난 수익을 벌어들였다.

아마존은 자사의 거대하고 수익성이 높은 클라우드 서비스 AWS를 통해 완전히 새로운 S-곡선을 만들었다. 아마존이 자체적으로 사용하는 기본 기술을 고객들이 사용하고 싶어 하게 만들고 여러 가지 다양한 상황에서 작동할 수 있기까지 몇 년이 걸렸다. 아마존이 알렉사를 만드는 데 7년 이상 걸렸으며, 킨들을 만들 때도 마찬가지였다.

수익 모델

수익 모델은 돈을 버는 다양한 요소들이 어떻게 함께 작용하는지를 설명하는 것이다. 비즈니스 모델 대신 수익 모델이라는 용어를 사용하는 이유는 비즈니스 모델이 무엇인지에 대한 해석이 분분하고, 그중 일부는 너무 복잡하기 때문이다. 수익이라는 말은 이러한 작업을 간단하고 구체적으로 생각할 수 있도록 만든다. 매출 증가, 총이윤 및 현금 증가율은 실제로 어떻게 연결되는가?

우버는 글로벌 여행의 대중화라는 자사의 브랜드를 구축하기 위해 많은 신도시에 빠르게 진출하기로 결정했다. 비록 대규모 손실을 초래하더라도 다른 업체보다 먼저 제휴하고 데이터를 수집하려고 했다.

라이드헤일링(호출형 차량 공유) 서비스를 제공하는 데 드는 직접 비용에는 운전자 비용, 고객 확보 비용, 인건비가 포함된다. 또한 홍보와 규제 업무를 포함한 일반관리비와 자율주행차 연구개발에도 많은 비용이 지출된다.

2019년 한 해 동안 우버는 140억 달러의 수익을 올렸다. 매출총이익은 몇 년 전과 거의 같은 약 50%였다. 매출 및 마케팅 비용은 매출의 32%, 일반관리비는 22%, R&D는 34%였다. 현금 배분을 변경하지 않는 한, 새로운 고객, 새로운 운전자, 새로운 장소에서 새로운 사무실을 얻는 것, 그리고 혁신을 추진하는 데 필요한 기술 인재를 모집하고 보유하는 데 막대한 현금이 필요하다. 우버가 계획한 대로 연간 38%의 매출성장률을 기록한다면 5년 후에는 700억 달러의 수익을 얻을 수 있다.

매출 증가의 원천이 무엇일지 생각해보라. 고객당 더 많은 여행, 신규 고객 그리고 더 나은 물류 및 우버이츠와 같은 것들을 통해 사용률을 더 높일 수 있다. 우버의 플랫폼 이용자는 월 1억 1,100만 명 정도이며, 연간 총 70억 회 운행이 가능하다. 각 고객은 한 달에 평균 5.7회 여행을 한다. 여행 횟수를 늘리려면 무엇이 필요하고, 그것이 매출총이익, 수익성, 현금을 어떻게 증가시킬까?

우버의 수익 모델은 효과가 있을지도 모른다. 동시에 승객들은 일부 지역에서 리프트나 디디추싱을 비롯한 다른 승차 공유 회사를 선택할 수 있으므로, 고객 유지 비용은 더 많이 들 수 있다. 그리고 운전자 비용이 상승할 수 있다. 우버가 수익을 늘려 현금 매출총이익을 유지할 수 없다면, 버틸 수 없는 수익 모델로 판명될 수도 있다.

수익 모델은 변화에 민감하다. 일차적으로는 항상 소비자에게 초점을 맞춰야 하지만 외부 요인도 중요하다. 이점을 유지하려면 경계심과 변화에 대한 의지가 필요하다. 포춘 선정 500대 기업도 적응하지 못하면 사라질 수 있다.

기존 리더들이 사업을 바꾸기로 결심하고 이사회도 이것을 승인하더라도 회의적인 마음이 슬그머니 솟아오르기 마련이다. 이것이 과연 효과가 있을까? 회사는 어떻게 그렇게 많은 돈을 투입할 수 있을까? 월가에 EPS의 하락을 어떻게 설명할 것인가?

디지털화는 시간이 지남에 따라 비용과 자본 투입이 줄어든다. 그러나 수익증가율을 더 높이고 매출총이익과 현금을 창출하기 위해서는 데이터 및 디지털 플랫폼을 기반으로 완전히 새로운 수익 모델과 함께 고객에 대한 거의 광적인 관심이 필요하다. 핵심 사업의 S-곡선이 하락하는 것은 긴박하다는 징조다. 월트디즈니의 회장 밥 아이거는 ESPN의 하락을 보면서 변화에 박차를 가했다.

펀딩과 자금 투자자

2019년 10월 말, 비디오 스트리밍 전쟁이 본격화되었다. 디즈니는 훌루에 대한 지배권을 확고히 했고, 디즈니플러스 스트리밍 서비스가 곧 출시될 예정이었다. 애플은 애플TV플러스를 론칭했고, 워너미디어는 2020년 5월에 HBO 맥스를 시작할 것이라고 발표했다. NBC유니버설은 피콕Peacock을 곧 선보일 거라고 운을 떼웠다. 한편 넷플릭스 CEO 리드 헤이스팅스는 네트워크 및 스튜디오의 라이선스 비용이 더 비싸졌는데도 콘텐츠에 대한 투자 의지를 더욱 높였다.

분석가들은 소비자들이 어디로 갈지, 넷플릭스가 라이선스 비용에 따른 손실로 얼마나 큰 피해를 입을 것인지, 누가 최고의 콘텐츠를 생산하고 앞으로 자금을 조달할 수 있는 가장 든든한 주머니를 갖게 될 것인지 계속 추측하고 있다.

2019년 넷플릭스는 가입자 수, 콘텐츠의 폭, 고객 참여의 강도 면에서 확실한 선두주자였다. 그러나 이 회사는 전 세계적으로 고객을 확보하기 위해 막대한 현금을 지출했으며, 새로운 콘텐츠를 확보하는 데 드는 비용도 2018년 130억 달러에서 2019년 170억 달러로 늘어났다. 또한 뉴멕시코, 런던, 토론토, 뉴욕과 같은 곳에서 스튜디오 공간을 확보하기 위해 돈을 마구 썼다.

2019년 7월 넷플릭스는 2019년 잉여 현금흐름이 약 마이너스 35억 달러일 것으로 예상했다. 그리고 2020년 이후에도 회원 기반, 매출, 영업이익이 증가함에 따라 덜하기는 해도, 몇 년 동안 계속 마이너스일 것이라고 밝혔다. 오리지널 콘텐츠는 수익이 실현되기 전에 제작비를 선불로 지불해야 하므로 현금 유입과 유출 시기 또한 달라질 것이라고 지적했다. 2019년 4월 넷플릭스는 12억 유로와 9억 달러의 고수익 채권을 조달하면서, 더 많은 돈을 빌릴 수 있다고 인정했다.

앞으로 비디오 스트리밍을 제공하는 업체들은 부분적으로 자금 조달에 의존할 것이다. 디즈니는 테마파크나 영화 개봉으로 현금을 마련한다. 디즈니플러스 출시로 인한 재정적인 부담을 덜고 구독 수를 늘리기 위해 미국 최대 이동통신사 버라이즌Verizon과 계약을 맺어 고객들에게 디즈니플러스 1년 무료 서비스를 제공하기로 했다. 버라이즌은 디즈니에게 각 구독에 대한 미공개 수수료를 지불해야 하는데, 구독 수가 약 1,700만 건이 될 것으로 보인다.

애플은 2019년 2,450억 달러, 아마존은 250억 달러의 현금을 손에 쥐었다. 넷플릭스에 자금을 제공하려는 투자자들은 넷플릭스가 올바른 콘텐츠를 실행하고, 고객을 확보할 수 있는 올바른 방법과 사용량을 늘릴 수 있는 알맞은 방법을 갖추면 아마존, 구글, 페이스북, 알리바바에 버금가는 거대한 현금 창출력을 갖게 될 것이라는 확신이 들어야 할 것이다. 리드 헤이스팅스는 2019년 11월 〈뉴욕타임스〉의 딜북DealBook 컨퍼런스에서 "시간이 진정한 경쟁이 될 것입니다……소비자들은 저녁 시간을 어떻게 보냅니까?" 고객 오퍼링(고객의 니즈에 부합하는 솔루션을 제공함으로써 고객의 선택을 이끌어내는 제안-옮긴이)은 고객의 선택을 받을 만해야 하고, 수익 모델은 투자자의 관심을 끌 만큼 설득력이 있어야 한다.

문제는 자금뿐만이 아니라 자금 투자자들이다. 10배, 100배 시장 규모를 실행할 수 있는 투자자와 단체들로부터 자금을 확보해야 한다.

2017년 프랭크 로이Frank Lowy와 그의 아들들이 운영하는 웨스트필드Westfield Corp.는 미국 전역에서 고급 쇼핑몰을 운영했다. 소매업의 판도가 어지럽게 변화하자 파리에 본사를 둔 부동산 회사 유니베일로담코Unibail-Rodamco가 쇼핑몰을 인수했다. 이 합의로 로이 가문은 디지털 시대에 맞춘 별도 회사의 씨앗으로 사용할 사업부 하나를 계속 통제할 수 있게 되었다. 유니베일이 스핀오프(다각화된 기업의 독립적인 사업 분할 — 옮긴이)에서 10%의 지분을 가질 것이다. 이 계약을 통해 로이는 디지털 플랫폼에 관심을 기울이게 되었다. 디지털 플랫폼을 통해 소매업체는 자신들의 고객 데이터를 분석할 수 있고, 이를 여러 소스의 데이터와 결합해서 소비자에게 더 나은 서비스를 제공하는 것이 목표였다. 원마켓OneMarket이라고 불리는 이 디지털 회사는 2018년 주식시장에 상장되었다. 이 플랫폼은 2019년에 출시되어 다수의 유명 유통업체를 고객으로 유치했다. 그러나 원마켓은 많은 현금을 낭비하고 있었고, 대형 거래처 노드스트롬Nordstrom이 재계약을 하지 않자 주식시장은 냉랭해졌다. 원마켓은 구매자를 찾으려고 노력했으나 실패했다. 고객 오퍼링이 고객의 선택을 받을 만했든 아니든, 원마켓의 자금 투자자들이 설득되지 않은 것만은 분명했다.

대규모 투자와 대규모 수익률을 원하는 자금 투자자의 욕구, 특히 현금 낭비 단계에서 기간을 연장하려는 의지가 있으며, 경우에 따라서는 생태계나 시장 형성에 적극적으로 참여하고자 하는 욕구가 상당한 경쟁우위가 된다. 예를 들어 현재 사모펀드에서는 EPS에 거의 관심이 없다. 이들은 주로 시장점유율, 성장률, 그리고 수익 이외의 요인에 근거한 가치 평가에 초점을 맞춘다.

텐센트는 2013년부터 277개 스타트업의 지분을 모았다. 2017년 한 해에만 80개 이상의 공기업 지분을 총 330억 달러에 사들였다. 텐센트는 "우리의 경험을 공유하고 인터넷 생태계 구축에 기여할 수 있는" 고성장 시장에서 선두를 달리는 업체뿐만 아니라 선도적인 기술이나 연구 실적이 있는 기업을 선택한다.

다수의 소비자 요구에 어떻게 부응할 것인지, 디지털 플랫폼이 어떻게 작동할 것인지, 생태계가 어떻게 형성될 것인지, 수익이 어떻게 작용할 것인지를 설득력 있게 설명할 수 있는 기업이 주머니가 두둑한 후원자를 찾을 수 있다. EPS가 크지 않은 형편없는 실적을 올리더라도 투자 자금이 여유가 있으므로 확장에 따른 유동성 리스크를 줄일 수 있다.

현금이 계속 증가하여 빠져나갔기 때문에 일부 자금 투자자들이 우려를 하기 시작했지만 한계에 다다랐다는 징후는 아직 보이지 않는다. 디지털 회사들은 그들의 수익 모델로 전례 없는 자유를 얻었고, 그들은 성장과 자금 조달 방법에 관한 한 경쟁우위를 유지할 것이다.

·····●●●●●·····

지금까지 소비자를 위한 혁신을 통해 시장을 만들고 디지털 플랫폼을 중심으로 생태계를 구축하고 수익을 창출하는 방법을 살펴보았다. 기업은 기계가 아니다. 인간의 에너지로 움직인다. 디지털 시대에 사람들은 더 나은 결정을 더 빠르게 내리고 분담한 작업들이 시기에 맞춰 유기적으로 수행되도록, 지금까지와는 다른 방식으로 일해야 한다. 다음 장에서는 그것이 어떻게, 얼마나 큰 차이를 만드는지 보여준다.

복잡한 조직 대신 팀 중심으로

―― Rethinking ――
Competitive Advantage

RULE 5

조직을 민첩하게 움직일 수 있는 소셜 엔진을 장착하라.

오늘날 디지털 대기업이 가지고 있는 가장 강력하지만 제대로 알려지지 않은 경쟁우위 중 하나는 폭발적인 성장을 이끄는 강력한 소셜 엔진이다. 회사의 인력, 문화 및 업무 처리 방법을 포함하는 소셜 엔진은 엄청난 에너지와 속도를 자랑한다. 소셜 엔진은 관료주의를 없애고 많은 기업들이 달성하기 힘들어하는 것, 즉 소비자를 대신하여 지속적으로 적응하고 혁신할 수 있는 능력을 성취한다. 디지털 대기업의 소셜 엔진은 사람들이 상상력을 자유롭게 펼칠 수 있게 함과 동시에 규율을 가지고 운영된다. 또한 고객, 생태계 파트너, 주주 및 직원 모두에 대한 가치를 창출한다.

대부분의 디지털 기업은 3~4개의 조직계층으로 운영된다. 아마존처럼 규모가 큰 회사도 일부 주요 사업 부문의 경영자급 이하 조직계층이 3개밖에 되지 않는다. 대부분의 업무는 팀을 이뤄서 수행하며, 각 팀은 초기 아이디어부터 배송과 운영에 이르기까지 프로젝트 전체를 수행하거나 문제를 해결하는 데 필요한 전문지식을 가진 사람들로 구성된다. 아마존의 월드와이드 컨슈머Worldwide Consumer CEO 제프 윌크Jeff Wilke는 자신의 회사가 업무를 조직하는 메커니즘을 "분리 가능한 단일 스레드(정보 처리 단위-옮긴이) 팀"이라고 언급한다. 구성원들은 팀이 부여받은 한 가지 일에만 집중하며 회사의 다른 책무에서 벗어나 있다.

업무를 간단히 해결할 수 있는 단위 크기로 나누고 독립 실행팀에게 더 빠르고 더 나은 의사 결정을 내릴 수 있는 방법을 도출할 자율성을 부여한다. 소프트웨어 개발 환경에서 빌린 애자일Agile 방법론(중요한 순서대로 신속하게 수행하는 것-옮긴이)과 디지털 플랫폼에 의해 구현된 빠른 피드백이 결합된 팀은 프로토타입(시제품) 또는 최소 기능 제품(MVP)을 신속하게 테스트하고 데이터를 사용하여 매우 빠르게 수정하며 다시 시작할 수 있다. 그렇게 되면 혁신 주기가 짧아지고 리스크가 감소한다.

최고의 디지털 회사들은 팀 구성은 어느 정도까지만 도움이 되며, 성공은 궁극적으로 사람들의 수준에 달렸다는 것을 알고 있다. 그들은 재능과 실력 못지않게 가치와 행동을 중심으로 신입사원들과 팀장들을 선발한다. 피델리티 PI가 디지털 전환을 위해 팀 구조로 조직을 변경했을 때, 캐시 머피Kathy Murphy 사장과 팀원들은 다양한 팀이 문제를 해결하고 가치를 창출하는 방향으로 이끌 리더를 찾기 위해 수백 명을 직접 살펴보았다. 모두가 동시에 같은 말을 듣는 동시 대화의 원칙을 고수하는 팀 리더와, 다른 사람이 더 높은 목적을 달성할 수 있도록 돕는 서번트 리더십을 활용하는 팀 리더는 집단 학습을 확대하고 사람들의 상상력을 자극한다. 그들은 돌파구를 마련하고 큰 성과를 거둘 가능성을 높인다.

기술은 사람들을 자유롭게 한다. 알고리즘은 많은 의사 결정을 자동화하고 의사 결정에 도움이 되는 많은 매트릭스를 생성한다. 피델리티 PI는 이제 1,000개 이상의 매트릭스를 가지고 있다. 아마존은 62페이지 분량의 자료를 가지고 있으며, 더 나은 매트릭스를 만들기 위해 계속 탐색한다.

디지털 플랫폼을 통해 조직 전체에 실시간 정보를 투명하게 공유함으로써 자체 수정을 할 수 있기 때문에 구성원을 감독할 필요가 없다. 사람들은 본질적으로 하고 싶은 일을 할 때 해방감을 느끼는데, 이것은 뭔가 의미 있는 일을 하고 전문적으로 성장하는 데 필요한 것이다. 아이폰은 애플이 이런 식으로 접근해서 얻은 결과물이다. 소규모 팀이 2년 동안이나 옹기종기 모여 비밀스러운 '퍼플Purple' 프로젝트를 진행하여 얻은 산물이다.

디지털 대기업의 이러한 요소들, 즉 인재를 선택하는 방법, 직원의 업무 구조화 및 관리 방법, 매트릭스와 기술을 사용하는 방법 등은 전통적인 기업이 필적하기 어려운 방식으로 혁신과 실행을 강화한다.

나는 전통적인 기업의 많은 고위 임원들에게 7, 8개 이상의 조직 계층을 줄이려고 노력하고 있다는 말을 들었다. 15개 계층으로 조직된 1,000억 달러 규모의 기업도 있다. CEO는 최고운영책임자 COO 또는 최고재무책임자 CFO에게 한두 개의 계층을 생략하고 나머지 리더들의 통제 범위를 늘리도록 지시할 수 있다. 그러나 일부 조직을 제거한다고 해서 결정을 내리는 방식이 근본적으로 달라지는 것은 아니다.

모든 기업에는 복합 기능 팀 및 기타 업무 조정 방법들이 있지만, 전통적인 기업에는 실행과 운영을 포함하여 처음부터 끝까지 업무를 책임지며 그 밖의 다른 업무를 맡지 않는 경우가 거의 없다. 사람들은 정규직의 주요 성과 지표들을 충족하는 일을 하면서 동시에 공동 프로젝트 업무에 참여한다. 대부분 복합 기능 팀과 상임위원회는 기존 조직의 계층 위에 있다. 그들은 협동 작업 팀을 대체하지 않는다. 위원회 자체는 구성원이 30~40명 정도로 매우 규모가 크고 일 처리가 매우 느릴 수 있다. 그들은 필요한 사항을 절충하는 일조차 더디다.

사람들이 서로 다른 2개의 부서나 직능에 보고하는 매트릭스 구조(수평적 연결이 강한 형태—옮긴이)는 여러 기능 사일로 간에 이해관계를 조정하는 데 널리 사용되어 왔다. 일부 회사는 매트릭스 안에 매트릭스가 있는 구조다. 그러나 복잡성은 모호함을 야기하므로 사람들의 집중력과 책임감을 흐릴 수 있다.

이러한 접근 방식으로는 디지털 기업이 달성할 수 있는 속도와 유연성을 창출하지 못한다. 그리고 어떤 것도 소비자를 위한 지속적인 혁신에 맞춰져 있지 않다. 그 결과 빠르게 변화하는 세상에 보조를 맞춘다는 면에서 디지털 기업들에 비해 뒤처진 채 전통적인 방식으로 사업을 경영한다.

그들은 또한 인재를 유치하는 능력도 부족하다. 젊은 직원들은 어떤 시책이나 프로젝트를 처음부터 끝까지 지켜볼 수 있기를 바란다. 그들은 자신들의 일에 주인의식을 갖고 싶어 하고, 무수한 승인을 거치느라 끝없이 지연되는 구조에 좌절감을 느낀다. 수요가 많은 기술력을 가진 사람들은 회사의 지속 가능성과 '미투Me Too'와 같은 문제에 대한 회사의 입장은 물론 업무 환경에 대해 질문하고 마음에 들지 않으면 연봉을 많이 준다 하더라도 거절한다.

물론 모든 디지털 기업의 조직이 민첩한 것은 아니며, 피델리티 PI가 보여준 것처럼 모든 전통적인 회사들이 기존의 구조들로 인해 망하는 것은 아니다. 중요한 것은 다른 업체가 대항할 수 없는 21세기 소셜 엔진을 만드는 요소들을 갖춰야 한다는 것이다. 매우 적은 수의 조직계층, 고품질, 빠른 의사 결정, 지속적인 혁신, 탁월한 실행력 그리고 고객에게 더 나은 서비스를 제공하려는 회사의 노력과 궤를 같이하는 집중력 등이 필요하다.

피델리티 PI에서 업무 공간 혁신하기

2014년 가을 일요일, 나는 피델리티 PI 부서의 사장 캐시 머피와 그녀의 집 지하 사무실에서 대화를 나눴다. 그녀가 2009년 합류했을 때 피델리티 PI는 업계를 이끄는 리더였으며 고객에게 탁월한 가치를 제공하는 오랜 역사를 갖고 있었다. PI는 IT 기술을 통해 고객과의 관계를 지속적으로 강화하고 고객 경험을 개선해나갔다. 그러나 그녀와 나는 둘 다 일요일 오후의 대화를 잘 기억하고 있다. 왜냐하면 그 대화가 어떠한 전통적인 회사들도 성공은커녕 시도조차 해본 적 없는 급진적인 변화가 시급하다는 점을 자극했기 때문이다. 그녀는 최대한 용기를 끌어모아 조직 구조와 문화를 변화시켰고, 현재 피델리티 PI는 마치 본 디지털 기업처럼 운영되고 있다.

머피는 "우리는 전 세계의 디지털 기업들에 대해 얘기했어요. 그러면서 몇 가지가 매우 명확해졌죠"라고 회상했다. 첫째, 그들은 새로운 방식으로 고객층에 어필하기 위해 매우 빠르게 움직였고, 둘째, 소규모 디지털 기업들은 시장에 접근하는 기존의 방식에 도전하고 있었다.

"우리와 대부분의 경쟁업체들은 본질적으로 제품 중심이었습니다. 고객 서비스 철학은 강했지만 조직은 고객에게 제품과 서비스를 제공하는 것을 중심으로 구성되었습니다"라고 그녀는 설명했다. "기존 경쟁사보다 성장률은 좋았지만, 급격한 성장세는 아니었습니다. 한편 판도를 뒤집는 디지털 기업들은 IT 기술을 사용해서 고객이 진정으로 중요하게 여기는 가치가 무엇인지를 알아내고, 새로운 시각을 가지고 전반적인 고객 경험을 단순화하는 방법으로 시장에 진입했습니다."

"그래서 우리는 다시 도전해야 했습니다. 우리는 분명 업계 선두주자로 크게 성공했지만 세상은 변하고 있었습니다. 어떻게 하면 고객 가치를 더 빨리 창출할 수 있을까요? 어떻게 하면 속도를 높일 수 있을까요? 어떻게 새로운 고객 경험을 만들어낼 수 있을까요? 어떻게 하면 시장 자체를 확대할 수 있을까요?"

전통적인 기업의 조직계층과 문화는 일을 빠르게 진행하는 데 방해가 되며 피델리티 PI도 예외는 아니었다. 업무 시간을 연구해본 결과 왜 일이 교착 상태에 빠졌는지 정확하게 알 수 있었다. 머피는 2개의 직속 보고서를 통해 PI 사업부 중 한 곳에 있는 사람들이 실제로 업무 시간을 어떻게 보내고 있는지 정확히 분석했다. 평균적으로 100명의 사람들이 주어진 시간에 10개의 다른 일을 하고 있었다. 더구나 그 10가지 일들이 그룹 전체에서 똑같지도 않았다.

사람들은 다양한 기능 분야에서 일했으며, 자신들의 역할을 완수했을 때 일을 통과시키는 순차적인 제품 개발 과정으로 작업을 했다. 프로젝트를 조정하고 일관된 상태를 유지하기 위해 많은 대규모 그룹 미팅과 파워포인트를 동원한 발표들을 해야 했다. 그리고 경영과 기술의 간극을 조정하는 '비즈니스 분석가'가 배치되었다. 마케팅과 같은 일부 부서는 개발 주기의 후반까지 전혀 관여하지 않는 경우도 많았다. 그리고 최종 단계에서 본래 아이디어가 효과가 없을 것이라고 판단되면 프로젝트를 다시 진행해야 했기 때문에 진척이 느릴 수밖에 없었다. 심지어 사람들이 너무 바빠서 회의 일정을 잡는 간단한 일들도 몇 주가 걸린다. 이런 상황에서는 추진력과 진행 상황이 정체되기 마련이다.

디지털 기업이 일하는 방식에 영감을 받은 머피는 스스로에게 물었다. "디지털 회사처럼, 우리도 한 번에 하나의 고객 목표를 달성하는 소규모 통합팀을 구성하면 어떨까?"

그렇게 해서 피델리티 PI는 2016년 하반기 시범 사업을 시작할 때 100명이 10명씩 소규모 팀으로 나눠 한 번에 하나의 목표를 완수하는 책임을 갖게 되었다. 각 팀의 직원들은 기술, 디자인, 제품 개발, 규제, 마케팅 등 프로젝트에 필요한 모든 전문지식을 제각기 갖추고 있었다. 그들은 프로젝트를 처음부터 끝까지 함께 진행했다. 그리고 각 팀원들은 그 외에 다른 어떤 일도 맡지 않았다.

그렇게 실험 삼아 만든 통합팀은 배송 시간을 75% 단축했다. 이러한 초기 성공으로 통합팀들이 더 많이 만들어지기 시작했다. 어떤 팀은 고객 서비스를 디지털화하는 데 초점을 맞췄다. 고객이 서비스 센터에 전화하지 않고도 계좌 잔액을 확인하거나 포트폴리오를 조정하는 등 고객 스스로 원하는 작업을 쉽게 할 수 있었다. 초기 시험 과제처럼 이 또한 훨씬 더 빠르게 완수되었다. 일단 팀원들이 다른 업무에서 해방되자, 훨씬 더 빠르고 간편하게 더 나은 고객 경험을 실현시킬 수 있었다.

이 프로젝트는 더 우수하고 능률적인 고객 환경을 조성한다는 목적 외에 2가지 이점이 더 있었다. 즉, 피델리티가 수억 달러를 절감했으며, 고객 대면 협력업체가 고객을 지원하는 데 더 유용한 활동을 수행할 수 있게 되었다.

피델리티 PI는 분명 무언가를 하고 있었다. 통합팀을 구성하는 것이 70년 된 이 회사가 혁신을 가속화하는 데 효과적인 방법이라는 사실이 입증되었다. 그리고 이러한 애자일 팀에서 일해본 사람들은 새로운 작업 방식이 더 자유롭다는 것을 알게 되었다. 그들은 여러 단계의 승인 과정을 거치지 않고 스스로 결정을 내린다는 점을 좋아했고, 끝날 것 같지 않은 회의를 하면서 시간을 낭비할 필요도 없었다.

새로운 근무 방식이 효과적이라는 이야기가 비공식적인 회사 네트워크를 통해 퍼졌고, 기존의 방식으로 일하던 사람들은 "왜 우리는 안 되느냐?"고 묻기 시작했다. 그들은 흥미진진한 새로운 방식으로 일하고 싶었다. 머피는 말했다. "이제는 새로운 모델 방식으로 일하는 사람들과 그 외의 사람들 사이를 중재하는 데 많은 시간을 쓴다니까요."

긍정적인 피드백을 받은 머피는 나머지 조직도 새로운 업무 방식으로 신속하게 전환하기로 했다. 가능한 모든 곳에서 통합팀을 기반으로 새로운 조직을 설계했고, 성공적인 디지털 기업의 핵심인 엔드투엔드 소비자 경험에 초점을 두었다.

클라이언트에서 조직 구조로 돌아가기

머피는 2009년에 3가지 이유로 피델리티에 합류했다고 말한다. 고객 우선주의 사고방식, 재능 있는 동료, 미래 지향적 리더십이다. 피델리티는 오랫동안 고객 중심으로 조직을 유지해왔으며, 그것은 일반적인 통념에 도전하는 일이었다. 회사 고위 경영진의 지원으로, 머피는 2000~2009년 불황 이후 변화하는 고객의 요구와 기대에 부응하기 위해 새로운 문화를 활용할 기회를 보았다.

고객의 변화하는 요구와 기대를 더 잘 이해하기 위해 머피와 그녀의 리더십 팀은 고객들을 직접 응대하면서 그들에게 서비스를 제공하는 데 큰 자부심을 가진 수천 명의 직원들을 활용했다. 그녀는 본사로 그들을 불러 일상 업무를 하면서 고객에 관해 관찰한 것들을 각 부서장들로 구성된 시니어팀에게 직접 전하게 했다. 그녀는 여러 번 현장을 방문하여, 사람들에게 고객 피드백에 솔직해지도록 격려했으며, 녹음된 고객과의 통화 내용을 몇 시간 동안 (지금도 여전히 매달 20시간씩!) 집중해서 들었다.

한편 아마존, 넷플릭스, 구글과 같은 디지털 기업들은 완전히 새로운 방식으로 고객들과 교류하며 고객의 기대를 높이고 있었다. 그러한 상황에서 피델리티 PI가 겉으로 드러난 문제들을 해결하려는 노력은 충분하지 않아 보였다. 이들은 고객을 보다 세분화하고 심층적으로 이해해야 했고, 이것을 바탕으로 모든 의사 결정을 내려야 했다. 2014년에 한 팀은 PI가 제공하는 주요 고객 부문들을 대표하는 몇 가지 고객 디자인 페르소나 중 첫 번째를 상세하게 묘사하는 과정을 시작했다. 예를 들어 '수지'는 37.5세로 디지털에 능통하고 약간의 투자 경험이 있다. 그녀는 결혼해서 두 아이를 낳았고, 필라델피아 외곽에 살면서 기차를 타고 출근한다. 그녀는 모바일 기기를 자주 사용한다. 수지가 여성이라는 것은 매우 의도적인 것이었는데, 여성들은 금융 서비스 산업에서 대체로 과소평가되어 왔기 때문이다. 그녀는 현재의 업계 관행에 도전할 수 있는 엄청난 기회를 대표하는 셈이었다.

그 팀은 수지의 삶을 다각도로 살펴보고 하루의 모든 일과를 조사했다. 그녀의 삶은 6미터 길이의 벽에 수십 개의 차트와 포스트잇으로 표현되어 있었다. 고객 여정(고객이 내 가게를 방문해서 체험하는 단계를 방문 전, 매장 체험, 방문 후 등 3단계로 나누어 관리하는 고객관리―옮긴이)에서 겪는 것들과 이와 관련된 매트릭스를 파악할 수 있었다. 일련의 중요 항목들을 통해 수지의 재정 상황에서 우선순위가 무엇인지를 포착했다. 또 다른 항목들을 가지고 그녀가 계정에 접속해 피델리티와 상호작용했던 연대기를 도표로 작성했다. 벽의 한 부분은 고객 경험 및 시간 경과에 따른 다양한 변화가 비즈니스에 미치는 영향을 평가해놓은 것으로 채워졌다. 또 다른 부분은 팀원들이 수행하고 있는 모든 작업과 완료 시점이 다른 프로젝트에 어떻게 영향을 끼치고 또 영향을 받는지 추적해놓은 것으로 채워졌다. 손으로 쓴 메모는 일이 진행되거나 문제가 생기면 쉽게 이동하거나 수정할 수 있었다. 벽에 붙은 사항들을 최신 소식으로 업데이트하고 유지하는 것은 누군가의 고정 업무였다.

PI 사업부에 있는 모든 사람들은, 머피의 표현대로 마치 그녀가 된 듯이 수지의 페르소나를 속속들이 알게 되었을 것이다. 벽은 수지에 대한 모든 세부 사항들과 그녀에게 맞춰진 프로젝트들로 채워졌다.

다른 기업에서도 이런 일을 하는 경우가 있지만, 피델리티 PI 팀이 세부 사항에 쏟는 에너지와 관심은 드문 사례이다. 보통 컨설팅 회사에 업무를 위임하는 것이 일반적이다. 그러나 내부 사람들이 파헤칠 때 학습은 더 깊어지고 차별화 요소가 될 수 있는 미세한 점들에 더 잘 적응하는 경향이 있다. 이것은 포커스 그룹(제품이나 서비스를 사용하는 소수의 그룹―옮긴이) 이상의 효과를 낸다. 소비자 행동의 세부 사항을 기록하기 위해 예리하게 관찰하기 때문이다.

수지의 여정을 끝내자, 그 팀은 애리조나주 스코츠데일에 사는 미망인 '샐리'를 연구할 때도 같은 방법을 실행했다. 샐리는 은퇴할 나이가 되었으며, 재정 상황이 수지보다 더 복잡했다. 이제 보다 광범위한 범주에 속하는 세 번째 고객이 남았다. 적극적인 트레이더 해리다.

수지, 샐리, 해리, 이 세 사람은 3가지 주요 고객 부류의 엔드투엔드 고객 경험을 매핑하는 기준이 되었다. 이러한 고객 원형이 새로운 계획과 비즈니스 결정을 논의할 때 우선적으로 고려될 것이다.

그들(수지, 샐리, 해리)은 또한 조직을 180여 개의 통합팀으로 재구성하고, 최일선에 있는 업무 팀들과 피델리티 PI 사장 사이에 존재하던 최대 8개 층으로 구성된 조직을 단 3개로 축소하는 기반이 되었다.

이제 피델리티의 조직 구조는 디지털 회사의 조직 구조와 매우 흡사하다. 6년 동안 회사를 관찰한 결과, 피델리티는 디지털 회사와 동일한 경쟁우위를 확보했다고 말할 수 있다. 이러한 방식으로 1년 내내 작업한 결과, 신제품 및 서비스의 출시 물량은 매년 50%씩 증가했다. 게다가 PI는 기록적인 수익과 이익을 달성했고 시장점유율을 높였으며 다른 경쟁사들과의 격차를 더욱 벌려놓았다. 2년 차에는 신규 출시 건수가 130%나 추가로 개선되어 진전을 가속화했다.

머피는 "고객을 상세하게 파악해가면서, 우리는 고객 경험이 어떠해야 하며, 디지털 회사가 아닌 경우 어떻게 고객 경험을 개인화할 수 있는지 다시 상상했습니다. 그래서 결국 고객에게 훨씬 더 많은 가치를 제공할 수 있었습니다"라고 말했다.

한 가지 예가 피델리티 제로Fidelity Zero다. "CEO는 우리가 혁신을 가속화하기를 원했고, 우리는 수수료 없이 인덱스펀드를 제공하고자 했습니다"라고 머피는 설명한다. "우리의 재정 상태를 살펴본 후 할 수 있다고 생각했습니다. CEO가 2018년 5월 중순에 승인해주었고, 6주 후에 출시할 준비가 되었습니다. 단지 규제 당국의 승인을 기다리는 것만 남아 있었습니다. 출시 당일 우리 때문에 경쟁사 주가가 5% 하락하고 말았습니다."

이러한 주도적인 계획은 새로운 기능, 새로운 경험, 그리고 훨씬 더 빠른 속도로 출시된 신제품의 지속적인 흐름의 일부였다. 그들은 더 폭넓은 고객에게 서비스를 제공하고 시장을 10배 가까이 넓히는 데 일조했는데, 이것은 지금보다 몇 배 더 커질 수 있는 잠재 시장이 있다는 것을 의미한다.

애자일과 단 3개의 층

심지어 아마존과 같은 전형적인 디지털 기업도 자사의 창고 운영 및 타사 공급업체를 위한 마켓플레이스와 같은 비즈니스 일부에서는 다층 보고 구조를 가지고 있다. 그러나 고객을 위한 혁신이 가장 중요한 분야에서는 팀이 지배권을 가지며 제프 베이조스에서 팀에 이르는 계층 수는 4개 미만이다.

피델리티 PI가 통합팀 구조를 실험하고 확장하면서, 그들은 애자일의 원칙과 용어를 사용했다(내 견해로는 특정 용어보다 원칙이 더 중요하다). 작업은 도메인들로 구성되는데, 도메인은 특정 전략적 목표에 초점을 맞춘 분야를 일컫는 애자일 용어다. 웰스 매니지먼트는 '샐리'의 엔드투엔드 여정을 가리키는 도메인이고, 디지털 플래닝은 또 다른 도메인('수지'의 영역)이다. 한 도메인은 중앙컴퓨터에서 클라우드로 전환하는 데 중점을 두고 있으며, 다른 도메인은 영업 인력 및 백오피스(고객들을 직접 상대하지 않는 부서 — 옮긴이)와 같이 전통적인 방식으로 더 잘 운영되는 비즈니스로 구성되어 있다.

도메인 작업은 집단tribes으로 나뉘는데, 각 집단은 자신의 영역

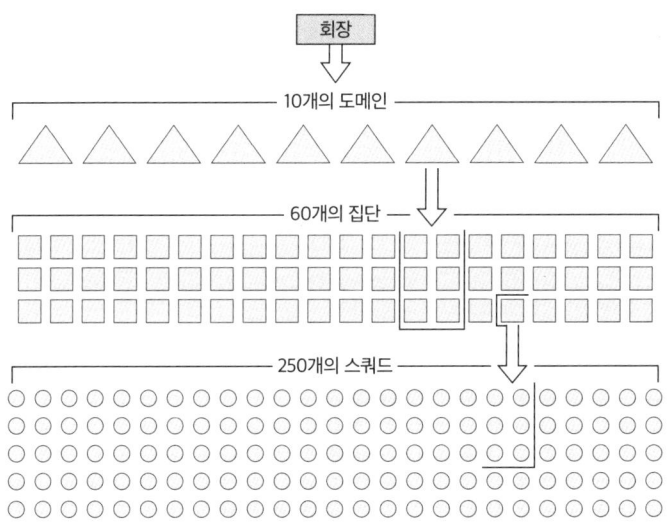

팀을 기반으로 한 3계층의 조직

에서 달성하고자 하는 목표에 초점을 둔다. 예를 들어 '웰스 매니지먼트'는 '웰스 플래닝', '은퇴와 소득 솔루션'과 같은 분야에 집중하기 위해 9개의 집단으로 구성된다. 집단의 업무는 구체적인 주제나 해결해야 할 특정한 문제로 더욱 세분화되는데, 이것은 10~15명으로 구성된 일명 스쿼드Squad라고 불리는 통합팀이다. 웰스 매니지먼트는 대략 60개의 스쿼드를 가지고 있다. 따라서 머피 아래의 조직계층은 도메인과 집단 그리고 스쿼드로 이루어져 계층 수가 많지 않다.

속도가 빨라진 이유는 팀원들이 최대한 헌신하면서 명확한 임무를 부여받고, 그들에게 주어진 문제나 과제에 대해 자신만의 해결책을 찾을 수 있도록 자율성을 부여받았기 때문이다. 피델리티는 한때 칸막이로 나눠진 좁은 방들이 늘어서 있었는데, 이제는 사람들이 노트북을 놓고 일하거나 함께 모여서 대화할 수 있는 낮은 테이블이 놓여 있다. 머피는 이제 사무실이 아닌 한쪽에 놓인 스탠딩 책상에서 근무한다.

이러한 환경은 구글이나 페이스북과 같은 기업들과 경쟁해야 하는 밀레니얼 세대들과 기술자들뿐만 아니라, 더 큰 권한 부여와 협업과 속도에 감사하다고 말하는 대부분의 일선 관계자들에게 긍정적으로 작용했다. PI의 웰스 매니지먼트 도메인을 이끌고 있는 램 수브라마니안Ram Subramanian은 "당신 옆에 앉은 사람에게 바로 피드백을 받을 수 있습니다"라고 설명한다. 자산 규모가 1조 달러가

넘는 웰스 매니지먼트는 피델리티의 가장 큰 도메인이다. 수브라마니안은 말을 이었다. "'효과 없을 것 같다'는 말을 들으려고 8주를 기다릴 필요가 없습니다."

조정과 통제는 대기업에서 오래된 문제이다. 그러나 디지털 스타트업과 대기업들은 기술을 통해 자동으로 조정과 통제를 할 수 있다. 정보를 볼 수 있는 권한을 가진 모든 사람에게 투명하게 정보가 제공될 때 복잡한 조직계층이 필요 없다고 말할 수 있다.

피델리티는 마이크로소프트나 아마존과 같은 회사로부터 고도로 숙련된 데이터 과학자와 기술자 100명을 스카우트해 그들 중 15명에게 정보가 위아래, 그리고 조직 전체에 흐를 수 있는 플랫폼을 구축하는 일을 맡겼다. 센서 대시보드(한 화면에서 다양한 정보를 중앙 집중적으로 관리하는 사용자 인터페이스(UI) 기능 — 옮긴이)를 만드는 데 3개월밖에 걸리지 않았는데, PI의 모든 부분에서 실시간으로 활동을 측정하고 모든 팀이 접근할 수 있다.

피델리티 PI는 프로젝트 및 애자일 팀들을 관리하기 위해 널리 사용되는 타사의 소프트웨어 애플리케이션 지라Jira(프로젝트에서 예상되거나 또는 이미 발생한 '이슈'들을 관리하는 시스템 — 옮긴이)를 사용한다. 이것은 팀이 주도적으로 문제를 해결할 수 있도록 뒤처진 정보를 표시하면서 정보를 처음부터 철저하게 추적한다.

지라 얼라인Jira Align(이전의 애자일크래프트AgileCraft)이라는 또 다른 타사 소프트웨어는 최고 수준의 리더들이 계획을 중앙집중화하고 조직 전체에 걸쳐 실행할 수 있도록 지원한다. 그것은 팀에 개별 과제와 임무가 배정되어도 전체적인 상황을 중심으로 팀별 과제의 진척 정도를 예측한다. 그리고 모든 사람들이 시스템에 들어가서 상황을 확인할 수 있다. 예를 들어 특정 팀이 어떻게 활동하는지, 밀린 업무량, 만족도, 속도 등을 확인할 수 있다. 따라서 어떤 팀에 무엇이 필요한지(의존성) 쉽게 찾을 수 있다. 한 팀의 일은 다른 누군가의 일에 달려 있기 때문에 사람들은 자신이 어떤 일부터 해야 할지 우선순위를 스스로 조정할 수 있다.

기술은 실시간 데이터를 투명하게 만들지만 조직은 여전히 일상적으로 데이터를 정리하는 사람들에게 의존한다. 어떻게 그럴 수 있을까? 훌륭한 구식의 인간 상호작용을 통해서다.

애자일 방법론 전문가인 스크럼 마스터scrum master(소규모의 복합 기능 팀이 프로젝트를 실행할 수 있도록 이끄는 사람—옮긴이)는 의자가 필요 없을 정도로 짧은 15분짜리 회의를 매일 서서 진행한다. 그들은 프로젝트 리더가 아니다. 그들은 스쿼드가 목표와 타이밍을 맞추고 의존성을 파악하며 진행에 방해가 되는 장애물을 제거해 제 궤도를 유지할 수 있도록 돕는다.

애자일 코치들은 집단 지도자들과 협력하여 더 높은 수준의 목표를 지원한다. 이들은 애자일 프로젝트 전문가로서 집단에 지속적인 코칭 서비스를 제공한다. 애자일 구현 초기에는 리더를 교육하고, 애자일 기술이 성숙함에 따라 리더와 팀이 애자일의 이점을 보다 정교한 방식으로 활용할 수 있도록 지원한다.

조정은 또한 '빅룸 플래닝'을 통해 촉진된다. 분기마다 한 번씩 상위 100명의 리더들이 한 방에 모여 모든 상호 의존성을 검토한다. 그러한 과정들이 처음에는 이틀이 꼬박 걸릴 정도로 번거로웠다. 이제 사람들은 잠재적 충돌을 무마하는 것에 익숙해져 있기 때문에 보통 몇 시간이면 충분하다. 현장에서 곧바로 갈등을 해결하는 덕분에 사람들은 활력을 얻는다.

디지털 경쟁사의 부드러운 면

매트릭스와 디지털 대시보드는 모든 사람들이 하나의 목표를 달성하는 데 도움이 된다. 그리고 자신들이 하는 작업이 더 큰 목적에 영향을 미친다는 것을 알 때 가장 큰 잠재력이 나온다. 자신의 일에 주인의식을 가지는 것은 삶에 커다란 만족감을 주는 원천이다. 장애물을 제거하고 갈등을 해결하는 리더들과 함께 일하면 그러한 만족감을 더욱 끌어올릴 수 있다.

피델리티 PI가 복합 기능 팀을 시범적으로 운영했을 때 참가자들은 빠르게 적응했다. 보통은 기존의 직원들이 변화에 저항한다고 하는데, 피델리티는 대부분의 직원들이 변화를 환영했다. 그리고 사회적 수용은 위에서 내리는 어떤 칙령보다 우선한다.

2017년 중반이 되자, PI가 팀을 기반으로 하는 새로운 조직 구조 안으로 다른 팀들을 들일 수 있는 틀을 마련해야 한다는 사실이 명확해졌다. 머피는 보스턴컨설팅그룹의 전무이사이자 수석 파트너 모니시 쿠마르Monish Kumar의 팀에게 올해 말까지 이 일을 완수할 수 있도록 도와달라고 요청했다. 머피는 자신의 조직이 변화할 준비가 되었다는 사실을 알고 거기에 전념했다. 쿠마르는 7월 4일에 그녀의 전화를 받고, "그녀의 머릿속에는 여름휴가 때 바비큐 파티 말고도 뭔가 다른 생각이 분명히 있구나!"라고 생각했다며 회상했다.

머피는 스냅 더 라인Snap the Line이라는 프로젝트의 완성 날짜를 2018년 1월로 정했다. 머피는 "우리는 뒤돌아보지 않고 2018년을 새롭게 출발하고 싶었습니다"라고 말했다. 쿠마르는 머피의 혁신적인 비전을 받아들였고, 매우 공격적인 혁신을 단행하기 위한 계획을 세웠다.

그들은 고객 중심적인 접근 방식으로 조직 구조를 개편했고, 도메인과 집단과 스쿼드를 도식화했으며, 조직 구조가 어떻게 작동하는지 사람들에게 교육했다. 머피는 "우리는 전통적인 제품 및 기능적 조직 구조를 넘어 고객의 요구에 맞출 수 있는 조직 구조로 전환하여 의도적으로 고객 중심적인 사고방식을 강화했습니다"라고 설명했다.

그러나 성공은 결국 팀들 사이의 인간적인 상호작용과, 결정적으로 팀 리더들에게 달려 있다.

오늘날 대부분의 디지털 대기업들은 유용한 기술을 가진 뛰어난 개인들로 구성된 소규모 팀에서 출발했다. 기업들은 스톡옵션을 제공하거나 훌륭한 작업 환경을 조성함으로써 이러한 인력을 끌어들이기 위해 대대적인 경쟁을 벌였다. 실리콘밸리의 특권과 자유가 사람들을 끌어들이는 요인일 수도 있지만, 사실상 여기에는 사람에 대한 근본적으로 다른 가정과 사람들을 이끄는 최선의 방법이 반영되어 있다.

대부분의 사람들은 선천적으로 스스로 동기부여를 하고, 기여하고자 하며, 문제를 해결할 수 있고, 새로운 것을 배우고자 하는 욕구를 가지고 있다는 가정이 지배적이다. 사람들은 자신의 말을 들어주고, 존중받고, 공정하게 대우받고 싶어 하며, 다른 사람들이 자신의 말을 중요하게 생각하는지 알고 싶어 한다. 지휘와 통제 방식의 리더십을 발휘하는 사람들은 자신들의 직원을 빼앗길 가능성이 높다.

PI의 리더들이 지식 근로자들 간의 협력을 촉진하고 팀에 힘을 실어주고 그들의 스쿼드와 단계별 기능부서를 지원하는 능력으로 선택되었다는 점이 매우 중요했다. PI는 이미 리즈 와이즈만Liz Wiseman이 《멀티플라이어Multipriers》에서 설명한 것처럼 '멀티플라이(잠재력을 전부 끌어낸다는 의미—옮긴이)' 행동에 기초한 리더십을 채택했다. PI 시니어팀은 이제 이러한 리더십을 바탕으로 집단, 기능부서, 스쿼드 및 팀의 리더들을 선택하는 가이드를 만들었다.

기존 리더들 중 집단이나 스쿼드를 이끄는 일을 보장받은 사람은 없었다. 대신 그들은 다른 모든 사람들과 마찬가지로 지원할 수 있다.

그런 다음 머피와 그녀의 시니어팀은 자신들이 선택한 사람들이 새로운 팀의 리더로 적합하다는 것을 확신하기까지 엄청난 시간과 노력을 들였다. 모든 리더들을 전면적으로 검토했고, 모든 후보자들은 2명의 시니어 리더들의 인터뷰를 거쳤으며, PI 시니어팀이 고심해서 만든 한 달간의 강화 과정을 거쳤다.

이제 선택의 시간이 왔다. PI 시니어팀은 그들이 수집한 모든 정보를 가지고 적합한 리더를 선택하기 위해 꼬박 이틀 밤을 방에 틀어박혀 있었다. 그들은 리더가 되고자 하는 1,500명을 대상으로 360도 평가 결과와 실적, 그리고 면접에서 얻은 꼼꼼한 메모를 가지고 있다. 머피는 "우리는 모든 것을 벽에 걸어놓고 모든 사람들에 대해 깊이 있게 이야기를 나눴습니다"라고 말했다.

"우리가 팀 리더로 누구를 뽑았는가 하는 것은 우리가 일하는 방식을 바꾸는 것에 대해 진지하게 생각하는지를 시험하는 일이었습니다"라고 그녀는 말을 이었다. "그렇기에 우리는 정말 어려운 선택을 해야 했습니다."

"이러한 과정에서 그들이 어떤 역량을 가지고 있느냐가 아니라, 새로운 방식으로 이끌 수 있느냐에 무게가 실렸습니다. 따라서 우리가 정의했던 다양한 리더십 특징에 각각의 사람들을 대입하지 않았습니다. 그동안 훌륭한 실적을 거둬왔으며 별다른 결함이 없는 사람들 중 일부는 새로운 모델에서는 성공할 수 없다는 것이 명확하게 드러났습니다. 할 수 있지만 적합하지 않은 사람도 있습니다."

"한편으로 우리는 보석 같은 사람들을 발견하기도 했습니다"라고 수브라마니안은 말했다. "어떤 사람들은 실제 제품에 대해서는 잘 알지 못했지만 사람들이 협업하도록 이끌고 고객 중심의 결과를 도출하는 데 매우 능숙했습니다. 스쿼드를 구성하고 있는 사람들의 3분의 1 정도는 구식 체제였다면 절대로 뽑히지 못했을 사람들입니다."

고위 간부들은 먼저 집단의 리더를 뽑은 다음 스쿼드의 리더를 뽑았고, 이른 감은 있지만 약간의 확신을 얻었다. 머피는 "선발된 사람들을 발표한 직후 스쿼드의 누군가가 내게 다가왔을 때 우리가 제대로 된 길을 가고 있다는 것을 알았어요"라고 회상했다. "그가 말하더군요. '저는 당신이 진지한지 확신할 수 없었는데 케이트를 고른 것을 보고, 아, 진심이구나 하고 알았습니다.'" 케이트는 부드럽게 말하는 사람으로 전형적인 리더 스타일은 아니라고 머피는 설명했다. 그러나 그녀는 결국 가장 바람직한 직책 중 하나를 얻었고 훌륭하게 해냈다.

피델리티 PI는 2018년 1월 3일까지 완전히 새로운 업무 방식으로 전환되었다. 머피는 여전히 진행 중이라고 말했다. 초기 몇 달 동안 그들은 권한을 부여한다는 것이 팀들이 완전히 자율적으로 움직인다는 뜻이 아님을 명확히 해야 했다. 그들은 공동의 목표를 위해 다른 사람들과 함께 일해야 하고 마감기한이 있다는 것을 확실히 해야 한다. 자발적이든 아니든 조직을 떠난 사람은 거의 없었고, 그해 말까지 대부분의 직원들은 다시는 예전 근무 방식으로 돌아가고 싶지 않다고 말했다.

PI가 애자일을 완벽하게 구현한 직후 피델리티의 다른 사업부 및 내부 감사 부서까지 통합팀 구조로 전환하기 시작했다. 이제 피델리티의 많은 부분이 그런 방식으로 운영되고 있다.

소셜 엔진의 '누구'와 '어떻게': 리더십과 문화

통합팀이 프로젝트를 더 빨리 완수할 수 있다는 것은 이해하지만, 오늘날의 디지털 대기업들은 소셜 엔진에서 더 강력한 혜택을 얻을 수 있다. 아마존이 새로운 영역으로 진출하여 빠르게 확장하는 것을 보라. 물론 제프 베이조스가 풍부한 상상력과 엄청난 재능을 가지고 있지만, 회사의 성공을 한 개인의 공으로만 돌릴 수는 없다.

아마존에는 새로운 것을 찾고 이미 있는 것을 개선하기 위해 노력하면서 지속적으로 자신의 성과 기준을 높이는 사람들이 있다. 모든 취업준비생들은 최고의 기준을 갖고, 배우고 크게 생각하고 싶은 열망을 가지고 있다. 아마존 '바 레이저bar raisers(기준치를 올리는 사람-옮긴이)'들은 아마존의 평균을 웃도는 능력을 입증한 사람들이다. 직원들은 또한 본질적인 가치를 창출하는 데 전념하는 '개발자'이자 아이디어 창출자가 될 것으로 기대된다.

에너지와 재능을 발산하는 방식으로 조직되고 관리되는 사람들이 일정한 수에 이르면(임계량에 이르면) 놀라운 힘이 발휘된다. 빠르게 성장하고 있는 아마존 AWS의 기원을 설명하면서, 앤디 재시는 똑똑한 사람들은 새로운 아이디어를 발전시킬 수 있는 환경에서 자신의 아이디어를 떠올린다고 한다. 처음부터 AWS를 이끌어온 재시는 AWS를 출시하기 3년 전인 2003년에 제프 베이조스의 집에서 열린 비공식 모임에서 이 아이디어가 싹텄다고 말했다.

2016년 7월 론 밀러Ron Miller가 IT 전문 온라인 매체 〈테크크런치〉에 보도한 바와 같이, 아마존의 경영진은 이 회사의 핵심 역량을 파악하기 위한 실습을 진행하고 있었는데, 다음과 같은 논의가 확대되었다.

"재시는 팀이 업무를 수행하면서 컴퓨팅, 스토리지, 데이터베이스와 같은 인프라 서비스 운영에도 상당히 능숙하다는 사실을 깨달았습니다. 게다가 이들은 필요에 따라 안정적이고 확장 가능하며 비용 효율적인 데이터센터를 운영하는 고도의 기술 역시 습득하게 되었습니다." AWS에 대한 아이디어를 구체화하기 시작한 것은 그 시점부터이며, 개발자에게 인프라 서비스를 제공하는 사업이 있는지 궁금했다.

"돌이켜보면 꽤 명백해 보이지만, 당시에는 그것을 내면화했던 적이 없었던 것 같습니다"라고 재시는 설명했다.

어떤 기업의 소셜 엔진의 힘은 누가 어떻게 하느냐에 달려 있다.

누구를 고용하는가? 아니면 피델리티의 경우 누가 팀 리더로 선정되는가? 그리고 어떻게 그들의 타고난 본능을 끌어올려 의미 있는 일을 할 수 있을까?

오늘날 빠르게 성장하고 있는 IT 기업의 설립자들은 초기에 빌 게이츠와 스티브 잡스를 떠올리며 사람들을 모집하는 데 엄청난 노력을 기울였다. 그들은 사람들이 단지 해당 업무에 얼마나 잘 맞는가 하는 것뿐만 아니라, 노력하고, 배우고, 성장하고, 일을 해내는 능력을 보고 선택했던 것이다.

구글의 공동 창업자 세르게이 브린과 에릭 슈미트는 모든 새로운 후보들이 충족해야 하는 기준과 최종 승인의 기준을 확립했다. 시간이 지남에 따라 래리 페이지가 모든 신규 채용에 최종 승인을 하는 역할을 맡게 되었다.

구글의 인사 부문 전 책임자 라즐로 복Laszlo Bock이 설명했듯이 구글 간부들 또한 최고의 인재들을 모으기 위해 적극적인 역할을 했다. "우리는 일주일에 하루 반에서 이틀 정도를 채용하는 데 시간을 보냅니다. 후보자들을 인터뷰하는 것을 포함해 요모조모 뜯어봅니다. 사람들을 양성하고, 그들을 알아가고, 시간이 지남에 따라 관계를 쌓고, 때로는 누군가가 움직일 준비가 될 때까지 몇 년이 걸리기도 합니다."

라즐로 복은 "경험이나 속성 면에서 모든 직무에 과중한 자격을 갖춘 사람을 채용하고, 협력적이지 않거나 겸손하지 않을 것 같은 사소한 신호라도 보이는 사람을 실격시키는 것이 목표였습니다"라며 말을 이었다. "어떤 일을 하든 우리는 소위 말하는 '창발적 리더십emergent leadership'을 찾았습니다. 어떤 문제가 생겼을 때 개입해서 그 공백을 메울 것인가가 중요하죠. 그리고 아마 더 중요할 수도 있는데, 문제 해결의 다른 단계에 있는 누군가에게 권력을 양도할 수 있는가 하는 것입니다."

1999년 제프 베이조스가 얼라이드 시그널Allied Signal(현재의 허니웰)에 있던 제프 윌크를 영입했을 때, 윌크는 주도적으로 업무 처리를 하고 고객 지향적이며 빠르게 성장할 수 있는 잠재력을 지녔음에도 불구하고 책이 가득 든 박스를 기꺼이 들고 다닐 수 있었다. 그는 아마존 문화의 핵심 요소로 이미 뿌리내린 높은 기준, 주인의식, 크게 생각하기에 대한 기대감으로 가득했다. 윌크는 래리 보시디Larry Bossidy가 얼라이드 시그널(보시디와 내가 공동 집필한 실행 주제)에서 탁월한 실행을 위해 사용했던 운영 도구에 대한 지식을 가지고 있었다. 윌크는 회사의 성장을 견인하는 데 일조한 것은 물론 자신의 경력도 훌륭하게 쌓았다. 그는 현재 2,320억 달러 규모의 월드와이드 컨슈머의 CEO다.

디지털 거대 기업들은 직원들이 아이디어 창출자, 문제 해결사, 팀 플레이어, 그리고 학습자가 되기를 기대한다. 예를 들어 넷플릭스에서는 급여를 받는 사람들에 대한 기대치가 포춘 선정 500대 기업에서 볼 수 있는 것과 다르다. 그들은 다음과 같은 말로 자신들의 기대치를 명쾌하게 드러낸다. "유용하다고 증명되는 새로운 아이디어를 창조하는 사람", "탁월함에 대한 갈증으로 다른 사람들에게 영감을 주는 사람", "최고의 아이디어를 찾기 위해서라면 고집을 버리는 사람" 그리고 "빠르게, 열정적으로 배우는 사람" 등이다. 이러한 특징들은 디지털 세계에서 반복되는 주제이다. 고용에 결정적인 영향을 미치는 주제들이고, 이것을 자주 반복함으로써 문화를 형성한다.

비정형 용어인 '문화'를 간단하게 정의하면, 공통된 행동을 통해 공유된 가치를 표현하는 것이다. 특정한 방식으로 행동하는 사람들의 수가 임계치에 다다르면 다른 사람들의 행동을 이끌기 때문에 영향력 있는 자리에 누구를 앉히느냐는 매우 중요하다. 그것이 머피와 그녀의 팀이 집단과 특수부서Chapter 리더들을 선택하는 데 많은 시간과 노력을 기울이는 이유이다.

일단 그러한 문화가 확립되면 그와 비슷한 가치를 공유하고 유사하게 행동하는 다른 사람들을 끌어당긴다. 예를 들어 어떤 수단이든 가리지 않고 힘을 축적하는 사람보다 학습과 기여에 더 힘을 쏟는 사람들을 말이다.

전통적인 기업 입장에서 지속적인 학습과 호기심에 대한 기대(넷플릭스가 밝힌 또 하나의 기대)는 개인의 출세에 대한 생각의 패러다임의 전환을 가져온다. 대부분의 기업에서 사람들은 마케팅, 재무, 영업, IT 등 수직적 부서에서 그 위의 단계로 올라가려고 한다. 그러나 단 3개의 계층만 있는 조직에서는 상대적으로 적은 수의 사람들이 더 높은 조직의 수준으로 도약할 것이다. 그렇게 되면 더 깊은 전문지식이나 더 넓은 관점 또는 더 광범위하고 복잡한 문제를 다루는 능력이 두드러진다.

피델리티 PI가 5,000명 이상의 직원을 수직적 부서에서 통합팀으로 이동시켰을 때, 전통적인 회사의 계층에서 경력을 쌓는 기존의 방식을 버려야 했다. 계층 수가 훨씬 적은 새로운 조직 모델은 지속적으로 고객과 비즈니스에 가치를 더하고 긍정적인 영향을 미치는 데 협력업체가 어떻게 기여할 수 있는지에 초점을 맞추고 있다. 사람들은 얼마나 기여하고 그들의 기술과 전문지식이 얼마나 성장할 수 있는지에 따라 보상을 받는다. 동료들은 새로운 업무 방식을 좋아했지만, 자신들의 경력을 어떻게 발전시킬지, 그리고 어떻게 승진을 하고 임금 인상이 될지 걱정했다. 조직은 의미 있는 경력 성장과 진보를 나타내는 방법의 일환으로 기술과 전문지식 및 개인 개발에 집중함으로써 이러한 문제를 해결했다.

피델리티 PI의 새로운 조직 구조에는 기본적으로 전문 분야인 '특수부서'들이 포함되어 있다. 한 스쿼드에 속해 있는 사람들은 다양한 특수부서에서 뽑힌 사람들이다. 특수부서별 리더들은 집단을 위한 전략을 수립하고, 집단에 속한 사람들의 기술과 전문성을 개발하고, 그들이 지속적인 성과를 올릴 수 있도록 코칭할 책임이 있다.

머피는 "우리는 이제 조직의 모든 분야(기술, 디지털, 사용자 설계, 마케팅 등의 다양한 측면)에 대한 세부 기술 매트릭스를 구축하여 사람들에게 기술을 확장하고 발전시킬 수 있는 길을 열어줍니다"라고 설명했다. "또한 새로운 기술을 습득하여 다른 스쿼드 또는 심지어 다른 특수부서에 배치하고 확장할 수 있는 환경을 제공하기도 합니다."

기술 평가와 매트릭스는 사람들에게 일종의 승진을 위한 틀을 제공한다. 머피는 "그것은 우리가 사람들에게 돈을 지불하는 방식과, 사람들이 자신의 경력을 어떻게 발전시키느냐 하는 측면에서 일종의 새로운 화폐입니다"라고 덧붙였다. "어떤 사람들은 사람들을 이끌고 지도함으로써 경력을 발전시키고자 하는 반면, 고객과 비즈니스에 실질적인 가치를 제공하고 자신의 전문지식을 심화하

팀에게 전문지식을 제공하는 특수부서

는 것에 대해 보상받기를 원하는 사람들도 있습니다."

피델리티 PI는 매주 '학습일'을 정해 직원들과 그들의 기술을 발전시키는 데 큰 노력을 기울였다. 매주 화요일, 직원들은 배우고 성장하기 위해 새로운 기술이나 현존하는 기술을 발전시키는 데 힘쏠 수도 있고, 수업을 듣거나 그들이 하고 싶은 다른 어떤 것도 자유롭게 할 수 있다. 여기에 자기 시간의 20%를 쓸 수 있다. 피델리티 PI의 사람들은 그것을 십분 활용했고 시행된 첫해에 무려 총 100만 시간이 그러한 학습에 쓰였다.

상위 리더들 역시 계속해서 배우고 있다. 피델리티 PI의 상위 200명은 기본 알고리즘을 배우기 위해 MIT에서 수업을 받았다. 수브라마니안은 파이썬으로 코딩하는 방법을 처음부터 배우고 있는 중이다. 메인프레임 기술 전문가 중 일부는 클라우드 컴퓨팅 분야에서 인증을 받았다.

머피는 "학습을 강조함으로써 우리는 혁신과 디지털 여정을 확실히 가속화했습니다"라고 말했다.

터보엔진을 장착한 불붙는 창의성

최소한의 조직계층, 통합팀, 투명성, 개인의 성장과 같은 소셜 엔진의 다양한 구성 요소를 더욱 강력하게 만드는 비결은 바로 '동시

대화의 힘'이다.

배우고 성장하며 노력하는 데 타고난 전문가들로 구성된 통합팀을 상상해보라. 이들은 명확한 임무와 명확한 성과 지표에 초점을 맞춘다. 그들은 정치나 관료주의의 방해를 받지 않고 길을 터주는 리더의 도움을 받아 일해나간다.

이들이 어떤 것에 대해 토론할 때 모든 구성원들은 모든 의견을 동시에 듣기 때문에 왜곡하지 않을 수 있다. 정보가 공유되면서 무의식적인 편견이 사라지고, 하나의 진실이 드러난다.

이렇게 하나의 진실을 기초로 하여 계속 앞뒤로 이어지는 것은 최상의 아이디어나 솔루션 또는 옵션을 확인하기 위한 일종의 삼각 측량 과정이다. 나는 동시 대화의 결과를 '과녁의 중심bull's eye'이라고 부른다. 왜냐하면 그것이 그룹의 중심이자 목적이기 때문이다.

통찰력은 사람들이 서로의 의견을 바탕으로 관찰과 정보를 공유하면서 발전한다. 새로운 정보와 통찰력은 다른 새로운 아이디어를 자극하고 새로운 에너지를 창출하며 사람들의 사고를 확장한다. 여기서 실시간 데이터와 피드백을 통해 새로운 아이디어를 신속하게 반복하고 다듬을 수 있다.

대화는 성공적인 혁신과 빠른 문제 해결의 돌파구로 작용할 수 있다. 특히 대기업은 한 팀의 생산량이 다른 팀의 생산량에 영향을 미치므로 그 효과가 누적될 수 있다. 이것은 스타트업을 활성화하고 고객과 비즈니스 및 직원들을 위한 가치를 동시에 창출하는 소셜 엔진이다.

이러한 종류의 소셜 엔진이 잘 작동되도록 경계를 늦추지 않으면, 디지털 기업의 성장을 가속화하고 선두를 확장할 수 있다. 기존의 전통 기업들은 그 위력이나 중요성을 과소평가해서는 안 된다.

······●●●●●······

피델리티 PI가 디지털 혁신자로 전환함으로써 모든 야심찬 리더들은 '당신도 할 수 있어!'라는 격려를 받는다. 디지털 회사를 만들고 있든, 디지털 회사로 전환하고 있는 중이든, 이미 전환되었든 간에, 당신의 리더십이 회사의 경쟁우위를 형성하거나 아니면 사업을 경쟁 열위에 빠지게 할 것이다. 다음 장에서는 기업을 창창한 미래로 이끄는 리더의 특성을 알아본다.

미래를 창조하는 리더

― Rethinking ―
Competitive Advantage

RULE 6

디지털 시대를 이끌 수 있는 리더를 찾아라.

자신의 리더십에 주의를 기울이지 않고 새로운 규칙을 따르는 것은 위험하다. 기업은 리더에 의해 창조되거나 확장되거나 시들거나 죽거나 되살아날 수 있다. 월마트는 2001년부터 회사를 디지털화하기 시작했지만 2014년에 더그 맥밀런이 CEO가 될 때까지 이러한 노력이 계속 수포로 돌아갔다. 마이크로소프트는 사티아 나델라가 자리를 이어받을 때까지 제자리걸음을 하고 있었다. 래리 페이지와 세르게이 브린은 새로운 경쟁 분야를 창조했다. 마크 저커버그도 그랬다. 이들은 리더십이 비즈니스의 성공에 중요하다는 사실을 분명하게 보여주는 인물들이다.

지금 각 기업의 리더들은 변화하는 환경에 맞서 서로 경쟁하며 지속적으로 시험받고 있다. 지금까지 우위를 점하고 있는 디지털 리더들은 젊고 기술에 정통하기 때문이 아니라 디지털 시대에 디지털 기업에 더 적합한 방식으로 이끌어나가기 때문이다.

　디지털 리더의 다른 점을 이해하면, 기존의 환경에서는 성공을 거두었지만 이제는 습관이나 정신 상태를 바꿔야 하는 모든 사람들에게 도움이 될 것이다. 가혹하게 들릴 수도 있지만, 디지털 시대에 요구하는 리더십에 부응하지 못하는 사람들은 다른 누군가에게 길을 열어주어야 한다. 21세기폭스의 루퍼트 머독과 웨스트필드의 프랭크 로이는 사업의 전부 또는 일부를 회사를 더 잘 운영할 수 있는 사람들에게 양보했다. 이러한 리더십 변화가 앞으로 더 많이 나타날 것이다.

　그러나 성공과 실패의 운명이 미리 정해진 사람은 없다. 이것은 다양한 전개가 가능한 오픈 게임이고, 우리는 현재 리더들이 실시간으로 펼치는 도전을 보고 있다.

　미국의 상징인 월트디즈니를 보라. 밥 아이거는 수십 년 동안 TV 분야에서 경력을 쌓은 후 2005년에 CEO가 되었다. 그가 월트디즈니를 이끄는 동안 수년간 상당한 액수의 EPS와 배당금을 쏟아냈다. 하지만 수많은 미디어 시청자들은 넷플릭스가 도약하는 것을 보았고, 디즈니는 뚜렷한 대결을 펼치지 못했다. 일각에서는 디즈니가 방송의 급격한 감소와 비디오 스트리밍의 증가세에 어떻게 언제 반응할지 의문을 제기하기 시작했다.

아이거는 재임 기간 중 대부분을 콘텐츠, 특히 특유의 마력을 잃은 애니메이션 제작에 다시 활기를 불어넣기 위해 노력했다. 그는 디즈니의 창의성을 다시 찾을 수 있는 길은 픽사를 인수하는 것이라고 믿었다. 픽사는 〈토이 스토리〉와 〈니모를 찾아서〉 등 모든 사람들이 좋아하는 새로운 애니메이션을 제작하는 데 창의력과 기술력을 발휘해왔다. 아이거는 스티브 잡스에게 픽사와 디즈니가 합병하면 좋을 거라는 주장을 설득력 있게 펼쳤고, 잡스는 이에 동의해 2006년 계약이 성립되었다.

양질의 콘텐츠를 확보한다는 목표에 따라 디즈니는 2009년에 만화 캐릭터의 보고인 마블 엔터테인먼트와 2012년 스타워즈 프렌차이즈를 지닌 루카스 필름을 인수했다.

두 회사를 인수함으로써 디즈니의 흥행에 불이 붙었다. 상하이 디즈니랜드가 문을 연 2016년에는 4편의 신작이 전 세계 박스오피스 수익으로 각각 10억 달러 이상을 벌어들였다.

디지털 기술이 아이거가 수년 동안 주시하고 있던 목록에 들어 있긴 했으나, 이 거대 미디어 기업이 비디오 스트리밍을 진지하게 받아들이고 있다는 징후는 보이지 않았다. 그러나 2017년이 되자 아이거는 갑자기 디지털 기술과 혼란을 언급하더니 곧바로 행동에 나섰다. 디즈니는 비디오 스트리밍 사업에 열정적으로 뛰어들었다.

야구 경기를 생중계하기 위해 만들어진 맨해튼 소재 스타트업인 뱀테크BAMTech가 핵심이 될 것이다. 뱀테크는 훌루의 스트리밍 서비스뿐만 아니라 HBO 나우Now와 다른 여러 가지를 구축했다. 디즈니는 일찍이 이 회사에 약간의 투자를 했고, 2017년에는 지분을 75%까지 확대하기로 협상했다. 뱀테크는 2018년 출시한 디즈니 소유 ESPN과 2019년 말 출시한 디즈니플러스를 위한 스트리밍 서비스를 구축했다. 뱀테크가 디지털 플랫폼을 구축하면 사내에서 구축하는 것보다 빠르지만 15억 달러의 예산을 투자해야 했다.

그 금액은 디즈니 디지털 퍼즐의 또 다른 조각이 될 사업체에 투자한 금액에 비하면 적은 액수였다. 디즈니가 뱀테크에까지 투자를 확장한 직후인 2017년 중반, 루퍼트 머독은 아이거와 21세기폭스 자산에 대해 대화를 나누었다. 이에 따라 아이거와 전략 책임자인 케빈 메이어Kevin Mayer는 폭스의 어떤 부분이 디즈니의 상품을 강화하고 규모를 증가시킬지 생각하게 되었다. 폭스의 영화 스튜디오와 인도 시장에서의 성장은 디즈니의 세계적인 확장에 커다란 힘이 될 것이다. 폭스는 또한 훌루에 상당한 지분을 가지고 있었는데, 이것은 디즈니가 디즈니플러스의 가족 친화적인 브랜드와 일치하지 않는 콘텐츠를 제공하는 통로가 될 수 있다는 사실을 의미했다. 즉, 세 번째 스트리밍 서비스의 대부분을 통제할 수 있다는 것이다.

협상이 뒤따랐고, 이미 스트리밍으로 전환하는 중에 디즈니가 710억 달러에 달하는 또 다른 대규모 인수와 금융 약속을 떠맡으면서 2019년에 폭스와의 거래가 마무리되었다. 2019년 말까지 아이거는 소비자와 직접 연결하고 양질의 콘텐츠를 충분히 공급하기 위해 수백억 달러를 투자했다. 디즈니는 다른 회사들에게 허가했던 콘텐츠들을 회수하기 시작하면서 믿을 만한 수입원을 없앴다. 그리고 디즈니플러스는 일반 가정에 어필할 수 있는 월 6.99달러로 가격을 낮게 책정했다.

이러한 모든 결정은 수익과 현금이 단기적으로 타격을 입을 것이고 수익 모델 또한 바뀔 것이라는 사실을 의미했다. 하지만 아이거는 실적의 가장 중요한 척도를 주당순이익 대신 가입자 수에 맞췄다.

아이거는 투자자들뿐 아니라 회사 내에서도 설득력 있게 자신의 주장을 펼쳐야 했다. 오래된 수익 모델뿐 아니라 조직도 붕괴되고 있었다. 소비자 직거래 시장을 위한 콘텐츠를 만드는 새로운 그룹이 형성되었다. '직접 판매(D2C)와 국제부' 그리고 '팍스(미국 정부를 의미), 체험, 소비자 제품'과 같은 라벨이 부착된 새로운 사업 부문은 새로운 성향을 반영했고 데이터 크런처(디바이스에 저장된 데이터를 삭제 또는 관리해주는 업체들-옮긴이)와 크리에이터를 구별했다. 또한 디즈니 직원, 투자자, 소비자들과 함께 성장하기 위해, 전 세계를 다니며 디즈니의 계획을 설명하고 그들의 말을 경청했다. 새로운 인센티브 구조를 지원하기 위해 이사회를 열기도 했다.

그렇다면 아이거는 디지털 리더인가? 그는 자신의 경험과 배경을 감안할 때 디지털 시대 경쟁우위의 강령에 완전히 적응한 것은 아니었다. 안정적인 사업 환경에서 활동하는 모든 리더들, 특히 독점적이지는 않더라도 지배적이었던 기업의 리더들은 오늘날의 역동성에 적응하기 위해 고군분투할 수 있다. 그러나 아이거는 새로운 규칙을 따른 것 같다.

- 소비자가 가장 소중하게 여기는 내용 파악하기: 훌륭한 콘텐츠, 사랑스러운 캐릭터, 새로운 방식으로 엔터테인먼트를 소비하고자 한다.
- 디지털 플랫폼을 사용하여 디즈니 캐릭터 및 스토리와의 연결을 개인화할 수 있는 잠재력을 가진 개별 소비자와 연결하고 학습한다.
- 구축 규모에 초점을 맞춘 수익 모델을 만든다.
- 버라이즌과 같은 생태계 파트너들을 참여시켜 고객에게 디즈니플러스를 제공함으로써 가입자 수를 확대한다.
- 기업의 새로운 포지셔닝 모델과 수익 모델을 뒷받침하기 위해 소셜 엔진을 변경한다.

아이거는 내가 관찰한 많은 디지털 리더들처럼 생각하고 행동하는 것처럼 보였다. 그는 열린 마음을 가지고 있었고, 새로운 패턴을 계속 배우고 파악했으며, 새로운 것을 상상하고 크게 생각하고, 위험을 무릅쓰고 과감하게 추구하도록 조직을 운영했다. 한마디로 그는 디지털 시대를 선도할 수 있는 마음가짐과 기술, 용기를 지닌 사람이다.

디지털 기업이거나 디지털 기업이 되고자 한다면 그 기준에 맞는 리더가 있어야 한다. 2005년 디즈니 이사회가 아이거에게 CEO 자리를 내줬을 때, 그가 디지털 리더가 될 것이라고 기대한 사람은 없었다. 하지만 2020년 2월 25일 은퇴를 선언했을 때 그는 디지털 리더가 되어 있었다. B2W의 애나 사이칼리와 피델리티의 캐시 머피도 마찬가지다. 이들도 전통적인 기업에서 경력을 쌓고 디지털 리더가 된 사람들이다.

디지털 리더란 무엇인가?

내가 디지털 기업의 리더와 전통적인 기업의 리더 사이에서 발견한 가장 중요한 차이점은 그들의 인식, 기술, 심리적 성향이다. 특히 이러한 것들이 어떻게 큰 그림을 보는 사고방식과 수익, 실행력, 그리고 속도라는 실용적인 문제들과 연결되느냐 하는 점이다. 아래의 각 설명은 디지털 리더들이 성공하는 방식의 한 측면을 보여준다.

- 그들은 10배 또는 100배의 관점에서 생각할 수 있는 정신적 능력, 존재하지 않는 미래의 공간을 상상할 수 있는 능력, 그리고 어떤 장애물도 극복하겠다는 자신감을 갖고 있다. 그들은 고

객에 대해 잘 알고 고객에게 집중하며, 엔드투엔드 고객 경험, 대규모의 미래 공간을 구상하는 상상력과 비전을 갖고 있다. 수익 구조와 회사의 생태계가 새롭고 지속 가능한 방식으로 협력하는 방식 또한 파악하고 있다. 그들은 월가의 의심과 회의 속에서 통 큰 베팅을 하고 초기 수익과 현금 손실을 기꺼이 견디는데, 이는 상황이 어떻게 전개될지 마음속에 명확한 그림을 그리고 있기 때문에 가능한 것이다. 그들은 거대한 규모로 생태계를 구축할 수 있으며 진입하는 모든 시장이 확장될 가능성이 있다고 확신한다.

- 데이터를 기반으로 하는 분석 기능을 갖추고 있을 뿐 아니라 분석에 능숙하다. 사실과 지식으로 무장한 그들은 행동할 용기를 충분히 갖추고 있다. 데이터와 직관을 모두 활용해 미래의 추세를 예측하고 새로운 데이터와 사실이 등장함에 따라 자신의 행동과 제안을 조절한다.

- 그들은 유동적인 사고방식을 지닌다. 변화를 좋아하고 심지어 추구한다. 실제로 다른 사람들이 터무니없다고 생각하는 변화를 만들어낸다. 사람들은 디지털 기업들이 산업 분야의 경계를 흐린다고 하지만, 대부분의 리더들이 그러한 의도로 시작하지는 않는다. 새로운 것을 창조하려는 동기가 강할 뿐이다. 그들의 유동적이고 반복적인 사고 덕분에 1년간의 전략 검토가 쓸모없게 되기도 한다.

- 그들은 항상 다음 일에 대한 열망으로 기꺼이 새로움을 창조하고 기존의 것을 파괴한다. 그들의 심리는 빠른 속도, 긴급성, 지속적인 실험에 맞춰져 있다. 개선될 수 있는 것, 소비자들에게 중요한 것들을 끊임없이 찾아 창조하고 새로운 수익원을 제공한다. 그들은 자신들이 가진 것에서 부분을 떼어내거나 효과적이지 않은 것을 포기하는 것을 두려워하지 않는다. 전통적인 기업의 리더들은 어떤 계획을 승인하기 전에 모든 'i'에는 점을 찍고 모든 't'에는 교차 선을 긋는 형식적인 프레젠테이션을 기대하는 반면, 디지털 리더들은 형식적인 절차 없이도 기꺼이 큰 투자를 감행한다. 그들은 고객의 이익에 초점을 맞추고 불확실성을 허용한다. 그들의 심리, 습관, DNA는 탐구, 실험, 학습, 적응하는 경향이 있으며, 필요할 때 손실을 빨리 줄이는 경향이 강하다.
- 그들은 하드 데이터hard data(과학적·객관적 임상실험 결과 수치로 얻어지는 데이터-옮긴이)를 흡수하고 아직 존재하지 않는 데이터를 결합할 수 있는 날카로운 통찰력을 지닌다.
- AI와 알고리즘은 기업의 복잡한 운영을 디지털로 능숙하게 해결하지만, 리더들은 사업의 기본적인 구성 요소들이 변화함에 따르는 수많은 변수들을 잘 다룰 수 있어야 한다. 이들은 변화의 속도에 압도당하지 않으며 고객의 피드백을 기반으로 신속하게 테스트하고 충분히 반복할 수 있는 MVP 또는 최소 가능 제품을 만드는 데 익숙하다. 끊임없이 쏟아져 들어오는 새로운 정보를

처리할 수 있는 능력을 통해 소셜미디어와 입소문에 빠르게 대응할 수 있으며, 지속적으로 리소스를 전환하고 단기와 장기 목표를 균형 있게 재조정할 수 있다.

- 유연한 사고방식과 새롭고 복잡한 정보를 쉽게 습득하기 위해 지속적으로 학습한다. 그러한 리더들은 새로운 것에 뒤처지지 않고 자신이 모르는 것을 기꺼이 배우려고 도전한다.
- 알고리즘을 사업에 적용하고 사실을 기반으로 하는 가치 추론에 근거해 판단한다. 그러나 데이터가 전부가 아니라는 사실을 항상 숙지하고 있다.
- 그들은 실행 속도를 높이기 위해 매트릭스와 투명한 데이터에 의존한다. 그들은 직원들이 반드시 정해진 시점에 결과를 도출하도록 만드는 데 상당히 능숙하다.
- 적임자를 선별하는 데 능숙하며, 직무 변화에 따라 적임자가 아닌 사람들을 다른 직위로 신속하게 이동시킨다.
- 고객 중심의 의사 결정이 이루어지도록 조직 구조를 재구성하여 의사 결정 속도와 품질을 개선한다. 그들은 데이터와 인센티브를 이용해 직원들에게 책임감과 실행력을 높이면서 행동할 자유를 준다.
- 용기라는 단어는 전쟁부터 스포츠, 정치 등 모든 생활에서 강력한 리더십을 발휘한다. 디지털 리더이든 디지털화하고 있는 전통적인 기업의 리더이든 그들의 용기는 특정한 구체성을 지닌

다. 그들은 새로운 환경이 종종 불완전하거나 전혀 알지 못하는 정보에 기초하고 있다 하더라도 단호하게 행동할 용기를 가지고 있다. 그들의 용기와 대담함은 위험을 무릅쓰는 원시적인 배짱과 함께 새로운 데이터와 정보의 범람을 받아들이고 분류할 수 있는 능력에서 비롯된다.

이 마지막 특징은 많은 사람들이 예상했던 것보다 더 늦게 스트리밍 경쟁에 뛰어든 밥 아이거에게 확실히 잘 들어맞는 말이다. 그는 가격 책정이 바닥까지 가는 경쟁이 될 수 있다는 사실을 잘 알고 있었으며, 언론이나 투자자들 또는 호사가들에게 공격거리가 될 수 있는 막대한 현금 지출을 감수하고 많은 빚을 지면서 폭스와 훌루를 인수했다. 디즈니의 위치가 위태롭다고 판명되면 아이거의 명성뿐만 아니라 디즈니 브랜드에도 해를 끼칠 수 있었다. 그러나 아이거는 디즈니가 어떤 길로 가야 할지를 알아내는 인지 능력과 과감한 베팅을 할 수 있는 순수한 용기를 가지고 있다.

리더십 테스트

빠른 속도로 진행되는 오늘날의 디지털 경제는 소심한 사람들의 시대가 아니다. 그러나 필요한 기술을 갖추지 못한 상태에서 과감한 행동을 취하는 리더 역시 무모할 뿐이다.

리더가 실패하는 이유는 대개 그들의 사업 기술이 도전 과제에 맞지 않기 때문이다. 현금 배분에 대한 판단력이 떨어지거나 필요한 인재를 채용하고 양성하지 못하는 것은 흔한 단점이다. 예를 들어 우리는 자율주행차가 가까운 미래에 상용화될 것을 알고 있지만, 언제, 어디서, 얼마나 빨리 채택될 것인지, 누가 지배할 것인지 아무도 모른다. 그 분야에서는 기업의 리더들이 신흥시장에서 불확실성의 안개를 얼마나 잘 헤쳐 나갈 수 있는지에 따라 흥망성쇠가 판가름 날 것이다.

AV는 막대한 양의 데이터에 의존하며 개발에는 상당한 위험이 수반된다. 테스트 및 개발 단계에서 발생한 사고는 소비자를 끌어들이는 데 상당한 영향을 미칠 수 있다. 일부 리더들은 위험에도 불구하고 AV를 적극적으로 추진하고 있는 반면, 더욱 조심스럽게 대처하는 리더들도 있다.

생태계는 필연적으로 서로 경쟁할 수밖에 없고, 너무 느리게 움직이는 것이 리스크로 작용할 수 있다. 리더들은 실행하는 것들이 어떻게 서로 맞아떨어질지 상상하고, 관계를 구축하고, 홀로 가기보다는 생태계 파트너들과 정보를 공유하는 것에 익숙해져야 한다.

전 세계 모빌리티 시장의 총수익은 알려지지 않았지만 전 세계적으로 자동차 총소유량은 감소하고 있다. 그 분야에서 경쟁하려면 리더들은 효율적인 수익 모델을 찾아야 할 것이다. 이것은 특히 전통적인 자동차 회사의 리더들에게 큰 도전이다. 포드는 현금 문제가 있다. 다른 자동차 제조업체의 CEO와 제휴하는 협정에 포드 이사회가 만족할까? 현금 제약으로 인해 경쟁력을 유지할 만큼 광범위한 생태계를 구축하기 어려울까? 포드는 3개 도시에서 AV를 테스트하고 있고, 다른 자동차 회사들은 대부분 한 곳에서만 테스트하고 있다. 포드는 다양한 환경에서 데이터를 얻음으로써 유리한 위치에 설 수 있다. 하지만 포드는 장기간 데이터를 확보할 수 있을까? CEO는 필요에 따라 기꺼이 자원을 이전하고, 수익 억제에 대한 비난 공세를 견뎌야 하며, 투자자와 직원들에게 상황을 교묘하게 설명할 수 있어야 한다.

이러한 것들은 자동차 업계의 선두주자들이 고려해야 할 비즈니스 문제들이다. 더구나 그들의 결정은 중대한 결과를 초래한다. BMW, 포드, 다임러의 CEO 이직률을 주목해보라.

2020년 2월 아이거의 뒤를 이어 디즈니 CEO로 취임한 밥 차펙 Bob Chapek은 새로운 수익 모델에 자본이 얼마나 투입되든지 모두 헤쳐 나가야 할 것이다. 디즈니 주가를 보면 2019년 말 디즈니플러스가 초기의 높은 가입자 수에 비춰 잘 버티고 있었지만, 가입자 수가 유지될지, 투자자들이 주당순이익이 줄어드는 것을 받아들일지는 불투명했다. 2018년 디즈니의 2020년 주당순이익 추정치는 8.20달러였다. 2019년 말에는 2020년 추정치가 6달러 아래로 떨어졌다.

리드 헤이스팅스는 경쟁 환경이 변화함에 따라 넷플릭스를 위한 자금을 계속 유치할 수 있을까? 넷플릭스가 지속적으로 성공하려면 다른 회사들이 새로운 엔터테인먼트 옵션으로 소비자들을 유인하려고 시도하고 있음에도 불구하고 수익 모델을 계속 작동시킬 수 있어야 한다. 넷플릭스는 최근 몇 년간 이렇다 할 타격 없이 구독 가격을 올려왔다. 헤이스팅스가 신규 가입자를 유치하기 위해 어느 시점에 가격을 낮춘다면, 자금 투자자들은 회사에 매력을 덜 느끼게 될까? 넷플릭스는 1분기 신규 가입이 1,580만 건이었고, 6년 만에 현금흐름이 호조를 보였다. 2020년 4월에도 유로와 달러 간 저비용 부채 분할 10억 달러를 조달한다고 발표했다.

디지털 리더 육성

리더십이 진부한 개념이 되고 있는 것이 현실이다. 전통적인 기업의 많은 리더들은 빠르고 기하급수적인 성장이 아니라 점증적인 성장을 거둘 수 있는 방향으로 능력을 발전시켰다. 많은 사람들이 새로운 시장 공간을 만들기보다는 수익을 늘리기 위해 가격을 인상하거나 기업을 인수했다(P&G의 프리미엄 가격 패턴과 디즈니의 테마파크 가격 인상). 오늘날의 환경에서 살아남기에는 기술이나 지식이 부족하거나 위험을 무릅쓰고자 하는 욕구가 약한 기업들이 많다.

기술이 무엇을 가능하게 하는지 상상하거나 기하급수적인 성장을 열렬히 추진하기가 쉽지 않은 것도 사실이다. 생태계 파트너와의 관계를 구축하거나 디지털 플랫폼의 힘을 경험하지 못했기 때문이다. 전통적인 기업의 리더들은 마케팅이나 재무, 운영에서 기능적 또는 수직적 단계를 거쳐왔다. 그들이 바닥에서 시작한다면 6층 이상으로 올라가야만 했을 것이다. 이러한 경력을 쌓는 과정에서는 고객 경험이나 비즈니스 지식을 쌓을 기회가 거의 없다. 손익을 다루는 부서를 운영해본 리더들조차 대차대조표를 다뤄본 적 없고, 디지털 시대에 맞는 수익 모델을 구상하지 못할 수도 있다.

전도유망한 리더들은 자원을 얻기 위해 싸우고 권모술수를 부리고, 얼마나 만족스러운 수치를 달성하느냐에 따라 평가받아야만 했다. 전통적인 기업이 검토하고 분석하는 것은 주로 과거 자료에 초점이 맞춰져 있다. 일부 리더들은 고객 만족도와 순수 고객 추천 지수 등에서 성과를 냈을지 모르지만, 그것은 미래 지향적인 지표가 아니며 상상력이나 비전을 반영하지 않는다.

컨설팅 회사에서 단계를 밟아 올라온 리더들은 여러 산업을 분석하고 의미 있는 통찰력을 얻기 위해 사실을 요모조모 뜯어보는 능력을 길러왔다. 이들은 내부 및 외부 데이터를 잘 구분하고 큰 그림을 잘 본다. 그러나 대규모 조직을 관리하거나 전문적인 팀을 구성하는 데 능숙하지 못하고 성격적으로 실패하는 비율이 높다. 그들은 자신의 전문지식과 지능이 가장 뛰어나다고 생각한다. 하지만 결과적으로 다른 사람의 말을 경청하지 않고 회사의 소셜 엔진을 개발하거나 조종할 수 없다.

전통적인 기업의 최고경영자들의 이직률이 높아질 것으로 보인다. 상당수의 리더들이 자신의 사고방식과 역량을 바꾸기가 거의 불가능하거나 원하는 만큼 빨리 바꿀 수 없을 것이다. 디지털 기업으로 탈바꿈하고자 하는 전통적인 기업은 리더가 변화를 주도할 수 있는지를 고려해야 한다. 그렇지 않다면 외부에서 지도자를 영입해야 할지도 모른다. 아마존은 인재 공장이 되었으며 인기 있는 채용의 원천이 되었다.

동시에, 더 심층적으로 인재를 찾는 회사들은 디지털 정신을 제대로 갖춘 잠재적인 디지털 리더들을 발굴할 수도 있다. 나는 피델리티, B2W, 디즈니 외에도 여러 전통적인 기업의 리더들이 자신의 조직을 디지털 궤도에 올려놓는 것을 지켜봤다.

리더십 '잠재력'은 디지털 리더가 공유하는 자질, 즉 알고리즘에 대한 기본 지식과 고객 지향, 비즈니스 통찰력과 상상력, 추진력과 같은 개인적 리더십 특성을 기반으로 한다. 특히 기술과 개인적인 특성이 혼합된 좋은 판단력을 갖춰야 한다.

사람은 배우고 변화할 수 있다. 최고 수준의 전통적인 기업에서 경험 많은 임원들이 플랫폼, 알고리즘, 데이터가 회사를 위해 무엇을 할 수 있는지 열심히 배워 사고와 상상력의 범위가 확대되는 것을 여러 번 보았다. 이러한 리더들 중 일부는 10배 성장을 달성할 수 있다고 현재는 믿고 있지만 전에는 믿지 않았다. 이들은 7년 또는 그 이상에 걸쳐 확장되는 고객의 니즈를 충족할 수 있다는 상상을 했고, 어떤 시장 공간을 창출할 수 있는지 시험했다. 그들은 경쟁이 불가피하다는 것을 알고 더 빨리 실험하고 몇 번의 실패를 받아들이는 법을 배우고 있다.

미래의 리더인 밀레니얼 세대는 사회적 기능을 개발시킬 필요가 있을지도 모른다. 컴퓨터 공학 지식이 있는 사람들은 코딩과 플랫폼과 앱 개발을 할 수 있다. 하지만 그들의 사고방식은 이진법적이어서 사물을 흑백으로 보기 쉽다. 디지털 회사의 팀 기반 조직에서 매우 중요한 공감 능력이 부족할 수도 있고, 사회성이 미묘하게 결여될 수 있다. 이들에게는 코칭이 필요할 수 있다. 어쨌든 대체적으로 디지털 세계에서는 전문지식은 있지만 조직을 운영한 경험이 부족한 젊은 사람에게 베팅하는 편이, 관련 인식이나 기술 또는 심리학 기술이 부족한 전통적인 리더에게 의지하는 것보다 더 나을지도 모른다.

디지털 거대 기업들의 수는 적다. 전 세계적으로 약 20개 정도밖에 되지 않는다. 그러나 그들의 리더들도 경쟁에 직면해 있다. 경쟁이 거의 없던 새로운 시장에 미리 진입해서 성공한 사람들이 많지만, 이제 그들은 자신들이 사업 영역에서 계속 성장할 수 있는지, 아니면 느린 성장의 위험을 무릅쓰고 주당순이익을 올려야 한다는 압력에 굴복할지 생각해야 한다. 수익 모델, 플랫폼, 브랜드 및 소비자 연결 등의 영역을 잘 개발했다고 해도, 규제기관을 상대하거나 길들이는 것과 같은 새로운 문제들도 대두되고 있다.

디지털 세계의 다양한 곳에서 불거지는 도전 과제들을 해결하기 위해 새로운 세대의 리더들이 등장할 것이라고 확신한다. 이러한 리더들이 갖춰야 하는 명확한 기준이 있다면 그들을 식별하는 데 도움이 될 것이다. 그들이 성장하도록 길을 터준다면, 아마도 우리가 생각하는 것보다 훨씬 더 빨리 발전할 수 있을 것이다. 필요한 기술을 선호한 나머지 광범위한 경험을 등한시하는 것도 곤란하다. 디지털 리더가 어떻게 다른지 이해하고 이들을 발굴해 육성하는 조직은 그렇지 않은 조직보다 경쟁우위에 설 것이다.

경쟁우위
다시 생각하기

── Rethinking ──
Competitive Advantage

디지털 거대 기업들에서 발견한 경쟁우위의 법칙을 이해했다면 이제는 그것들을 활용해야 한다. 대부분의 회사들은 백지에서 출발하는 것이 아니라 디지털 시대에 적응할 수 있는 몇 가지 상당한 이점을 가지고 시작한다. 기존 기능을 디지털 기술과 통합하고 더 이상 작동하지 않는 기능을 제거하면 10배 성장을 위한 길을 열 수 있다. 나는 리더들이 이 문제를 그들의 팀과 함께 고민하는 것을 본 적이 있다. 잘 조화를 이뤄 명확한 궤적이 나타나면 엄청난 에너지를 방출한다.

예를 들어 돈을 벌거나 사람들을 재교육하고 재정비하고 새로운 생태계를 구축하는 등 반드시 필요한 모든 변화들을 해결하기 위해 규칙을 사용한다. 경쟁우위의 요소가 잘 결합되면 디지털 기업으로의 전환이 가속화된다.

이 책을 연구하고 집필하기 시작했을 때만 해도, 진정한 디지털화를 이루고 있는 전통적인 기업의 사례를 찾기가 힘들었다. 지금은 많은 기업들이 움직이기 시작했다. 예를 들어 항공기 부품업체 허니웰은 광범위한 생태계에 의해 강화된 도메인과 디지털 전문지식을 통합하여 생명과학 산업의 플랫폼 제공자가 되고 있다. 그것은 시장 공간을 창출하지는 않았지만 자체적인 수익 성장을 가속화하면서 크게 확대될 것이다.

기술에 집중하기 위해 출발한 델파이의 한 부분인 앱티브에서는 경영진 라즈 굽타Raj Gupta와 CEO 케빈 클라크Kevin Clark가 쇠퇴하고 있는 옛 자동차 부품 공급업체를 모빌리티 공간의 확장자로 탈바꿈시키고 있다. 더 이상 파워트레인과 같은 기계 부품을 만들어내는 제조업체만이 아니라, 센서와 첨단 소프트웨어의 데이터를 사용하여 자율주행차 영역을 지원하고 확장하는 컴퓨팅 플랫폼을 제공할 것이다.

우리는 세계적인 대기업에서 일어나고 있는 주요한 변화를 볼 수 있다. 월마트는 디지털 기능을 구축하는 동시에 일부 사람들이 생각하는 금융 알바트로스(장애)를 경쟁우위로 전환하고 있다. 이 회사는 3,571개의 '대형 매장', 즉 식료품과 상품을 포함한 대형 오프라인 매장을 다양한 소비자 경험을 제공하기 위한 허브로 삼기 위한 구상을 하고 있다.

월마트 CEO 더그 맥밀런은 2019년 9월 조지아주 애틀랜타 인근 월마트 매장에 사상 첫 건강관리 클리닉을 열었다. 시제품을 통해 회사는 다양한 소비자 경험을 실험하고 개선할 수 있다. 혈액 검사, 엑스레이 검사, 시력 검사 등 예방을 위한 검사들을 낮은 비용으로 제공한다는 아이디어다. 미국 인구의 90%가 월마트 매장에서 10마일 이내에 거주하고, 이미 온라인에서 주문한 물건을 픽업하러 왔다가 보건 서비스를 이용할 가능성이 높다는 점을 감안하면 건강 클리닉의 영향이 상당할 수 있다. 의료 서비스 및 미용과 마찬가지로 치의학과 수의학 치료도 할 수 있고, 금융 서비스와 뷰티 관련 서비스도 마찬가지일 것이다. 이 모든 것들은 월마트가 이미 가지고 있는 오프라인 매장을 이용한 새로운 수익원이다.

또한 대형 매장 허브는 월마트의 광범위한 유통 시스템의 핵심이 될 것이며, AI, 기계 학습, 로봇공학 및 기타 기술 애플리케이션 사용을 촉진하기 위한 컴퓨팅 용량을 갖추게 될 것이다. 엣지 컴퓨팅이라고 알려진, 사용자 가까이 있는 널리 분산된 컴퓨팅 파워가 처리 속도를 높인다. 맥밀런은 처리 속도에 따라 자율주행차에 달리는 동력을 공급할 수 있는 추가 용량을 다른 기업에 판매할 수 있다고 말한다. 따라서 대형 매장 허브의 엣지 컴퓨팅은 월마트 고객들에게 더 나은 서비스를 제공하면서 추가 수익원을 제공할 수 있다.

월마트는 보노보스Bonobos, 모드클로스ModCloth 등 소규모 디지털 스타트업을 인수하며 전자상거래의 위상을 높이고 있지만 마켓플레이스 사이트에 제3자를 추가했다. 이들 제3자 판매자들은 월마트의 강화된 고객 주문 처리 서비스를 이용할 수 있고, 아마존보다 월마트를 더 신뢰하는 경향이 있으나 일부에서는 월마트의 전자상거래 진입을 (오프라인과 온라인에 모두 충실하기 힘들기 때문에) 이해의 충돌로 보는 시각도 있다. 월마트는 현재 7,500개의 브랜드를 제공함으로써 온라인 공간에서 마켓플레이스의 경쟁력을 더욱 강화하고 있다. 전자상거래가 성장함에 따라 수익과 이윤도 증가한다. 수집된 데이터는 익명으로 광고주에게 판매될 수 있다.

월마트의 소셜 엔진도 뚜렷한 변화를 보인다. 회사는 2016년 젯닷컴을 인수하면서 많은 기술 인력이 생겼고 사고방식이 달라졌다. 2019년 5월 수레쉬 쿠마르Suresh Kumar를 최고기술책임자 겸 최고개발책임자로 채용했다. 쿠마르는 마이크로소프트, 구글, 아마존에서 일했다. 그리고 존 퍼너John Furner가 월마트 US의 사장 겸 CEO로 임명된 2019년 10월, 맥밀런은 퍼너가 "새로운 업무 방식과 사고방식을 수용하고 있다"고 언급했고, "퍼너는 디지털적으로 생각한다"고 덧붙였다.

월마트는 일상적인 업무에 기술을 통합하고 고객 경험에 초점을 맞추면서 일자리를 재설계해왔다. 200개의 교육 프로그램을 구비해 수십만 명의 직원들이 새롭게 정립된 일자리와 관련된 기술뿐 아니라 좋은 코치가 되는 법을 재교육받았다. 맥밀런은 월마트 창업자 샘 월튼이 세상을 떠나기 직전인 1992년에 했던 "우리는 목적이 있다. 사람들이 돈을 절약하고 더 나은 삶을 살 수 있도록 돕는 것이다"는 말을 인용하며 그들의 목적의식을 더 확장하려고 노력해왔다고 말했다. 맥밀런은 가격보다 더 중요한 것은 가치와 사용 편의성 그리고 재미라고 덧붙였다.

맥밀런은 대부분의 경력을 월마트에서 판매직으로 보낸 냉철한 전통 비즈니스 리더이지만, 월마트의 경쟁우위를 재창조했다. 그는 IT 기술과 기존의 물리적 공간이 결합되어 고객이 필요로 하고 원하는 것을 제공할 수 있는 여러 가지 방법을 생각해냈다. 그리고 상점이 해야 할 중요한 역할이 있다고 확신하면서 고객의 시각으로 상점을 바라보았다. 그는 2019년 12월 바클레이즈 캐피털Barclays Capital의 분석가 캐런 쇼트Karen Short에게 "고객들이 상점을 원하지 않는다면 우리는 상점을 가질 수 없을 것이다"라고 말했다. CFO 브렛 비그스Brett Biggs는 다음과 같이 덧붙였다. "우리가 가야 하는 길은 고객이 가기를 원하는 곳이다."

맥밀런과 그의 팀은 명료하고 확신에 차 있는 것처럼 보이지만, 그들의 비전을 실행하려면 재정적 어려움에 맞서 싸워야 한다. 10배 또는 20배 성장으로 가는 길이 보이더라도 그곳에 도달하기 위해 영업이익을 잘 관리할 수 있을까? 비그스는 "재정적인 성공은 경영진의 몫이다"라고 말한다. 그는 인도에서 젯닷컴과 플립카트를 비싸게 인수하는 바람에 전자상거래로 인한 손실이 늘어났다고 지적한다.

그러나 그들이 수년 전에 미국 매장에 투자했던 것들에서 수익이 나기 시작했다.

맥밀런은 디지털 기업으로 전환하는 속도를 잘 관리한다면, 고객을 위해서라도 온라인과 오프라인이 잘 맞물려 돌아갈 것이라고 확신했다. 투자는 별도의 계획이 아니라 고객의 관점 그리고 총체적인 관점에서 봐야 한다.

물리적 허브를 활용하고 이를 디지털 기술과 결합하는 방법을 모색함으로써 맥밀런은 새로운 경쟁우위의 원천을 발견했을지도 모른다. 월마트가 처음에는 시장을 확장한 후 아마존에 돈을 벌 수 있는 기회를 줄 것으로도 보인다. 아마존이 월마트와 같은 거점을 만드는 것보다 월마트가 이 기술을 설치하기가 더 쉽다는 것을 증명할 수도 있다. 월마트는 자금력이 부족한 것도 아니고, 아마존의 매트릭스 중심의 문화와는 달리 고객과 접촉하는 데서도 우위를 점할 수 있다. 그래서 형세가 바뀔 수도 있다.

인간은 변화를 일으킨다. 경쟁우위의 새로운 원천이 등장하고 경쟁 지형 또한 바뀔 것이다. 이렇게 인간은 진보하고 생활수준은 향상된다. 당신도 얼마든지 여기에 참여할 수 있다.

감사의 말

이 책은 사려 깊고 뛰어난 수많은 비즈니스 리더들을 관찰하고 그들과 토론함으로써 알게 된 결과물입니다. 특히 디지털 시대에 과감하게 기업을 이끌고 있는 모습을 가까이에서 볼 수 있게 해주신 분들에게 감사합니다.

특히 캐시 머피와 램 수브라마니안, 조지 파울로 레만, 카를로스 알베르토 시쿠피라, 미구엘 구티에레즈, 애나 사이칼리, 세실리아 시쿠피라, 그리고 크리슈나 수딘드라와 파라스 찬다리아에게 감사합니다. 그들의 개방성은 저의 배움을 확장시켰고, 그들의 경험을 거울 삼아 다른 리더들도 앞으로 나아갈 수 있는 자신감을 갖게 될 것이라고 확신합니다.

또한 오래도록 함께 일해온 많은 리더들에게 감사합니다. 그들의 지식과 경험과 통찰력을 통해 비즈니스 관행을 깊이 이해할 수 있었습니다.

가우탐 아다니, 밥 비차움프, 쿠마르 비를라, 래리 보시디 , 밥 브래드웨이, 제임스 브로드헤드, 부르스 부르사드, 딕 브라운, 마이크

버틀러, 인두 찬다리아, 앨버트 차오, 제임스 차오, 존 차오, 도로시 차오, 빌 코나티, 로데위크 드 빈크, 암리쉬 고엘, 데이비드 고엘, 애런 린블랫, 라즈 굽타, 프레드 하산, 로드 호치맨, 채드 홀리데이, 팀 후발, 안드레 게르다우 요한페터, 존 코스터, 잭 크롤, 데지안 류, 알로크 로히아, 수키트라 로히아, 알렉스 맨들, 하쉬 마리왈라, 멜린다 메리노, 브라이언 모이니한, 자크 나세르, 마르크 오네토, 사잔 필라이, 빈센트 로체, 이반 세이던베르그, 키릿 쉬아, 짐 쉔레이, 브아브나 쉬브푸리, 링 탕, 에드 울라드, 야나이 다다시, 줄리아 양, 퀴안 잉, 퀸 잉글링 그리고 고인이 된 위대한 잭 웰치에게도 감사합니다.

BCG의 모니쉬 쿠마르, 디킨슨 대학의 존 맥코믹 그리고 S&P 글로벌의 더글러스 피터슨은 이 책에 중요한 기여를 했습니다. 그들이 지닌 전문지식에 경의를 표하며 시간을 내서 도움을 준 것에 깊이 감사합니다.

이 책이 결실을 맺기까지 열정을 다해 능숙한 편집 실력으로 지원을 아끼지 않은 편집자 로저 숄과 폴 휘틀래치에게 감사합니다. 로저는 비즈니스 커뮤니티의 필요성을 인식하고 책의 내용을 일반적인 지식으로 만드는 데 도움을 주었고, 폴은 날카로운 편집 조언을 아끼지 않았습니다. 제작 및 마케팅 팀을 이끄는 케이티 베리와 커런시의 세심한 보살핌과 지원에 감사합니다. 그리고 저술과 편집에 대해 지속적인 가르침을 주고 있으며, 전작들의 편집자이기도 한 존 마하니에게도 감사합니다.

지적 콘텐츠를 개발하고 글로 담아내는 파트너로 27년간 함께해 온 공동 저자 게리 윌리건에게 각별히 경의를 표합니다. 그녀와 저는 리더들이 회사를 발전시키는 데 도움이 될 새로운 통찰력을 찾기 위한 아이디어를 거의 매일 생각해냅니다. 이 책을 연구하고 쓰는 데 그녀가 기여한 공로는 지대합니다.

저의 오랜 사업 파트너 존 조이스에게 항상 감사하며, 그의 의견과 관점은 늘 큰 도움이 되었습니다. 그리고 존 갈리에게도 감사합니다.

그리고 늘 지적인 도움을 주는 신시아 버와 리사 라우버트에게 감사합니다. 그들 덕분에 이와 같은 프로젝트를 수행할 수 있었습니다.

마지막으로 지식을 심화하고 조직을 개선하며 모두를 위해 더 나은 세상을 만들고자 끊임없이 노력하는 모든 기업 사상가들과 리더들에게 깊은 감사를 드립니다.

부록

디지털 시대에 경쟁우위를 갖출 준비가 되었는가?

다음 질문은 디지털 시대에 경쟁력을 창출하는 방법과 진정으로 경쟁력을 갖추고 있는지를 생각하는 데 도움이 될 수 있다. 이 질문에 대답하는 데 더 많은 상상력과 실용성 그리고 지적인 정직함을 적용할수록 더욱 많은 도움이 될 것이다.

1 진화하는 알고리즘과 AI를 중심으로 생태계를 형성하기 위해 엔드투엔드 고객 경험을 개선하고 새로운 방법을 모색하고 있는가? 이 게임은 위임할 수 없다. 당신의 마음가짐이 그것에 적합한가? 비즈니스가 어떻게 될지를 상상하고, 이를 추진하기 위한 근성, 회복 탄력성, 인내심, 에너지를 가지고 있는가? 많은 리

더들은 이러한 속도, 즉 비선형적 성장을 경험하지 못했는데, 이는 수년 동안 투자 수익을 보여주지 못하기 때문이다. 당신이 심리적으로 위험의 속도와 정도를 견딜 수 있는지 스스로를 잘 알아야 한다.

2 **당신은 10배 또는 100배 규모의 시장을 만들 수 있는 고객 경험 또는 니즈를 상상할 수 있는가?** 당신은 그 공간의 어떤 부분에 참여할 용의가 있는가? 소비자 경험에 정면으로 초점을 맞추고 있는가, 아니면 끊임없이 경쟁업체와 자신을 비교하고 있는가? 소비자를 관찰하고, 현재와 미래의 엔드투엔드 경험을 통해 접점을 매핑하라. 데이터 분석과 새로운 기술에 대한 지식이 필요하지만 당신의 판단을 따르라. 시작부터 보유 자산과 그것을 배치하는 방법을 고민하지 마라. 그리고 어떤 장벽을 가정하며 스스로의 생각을 제한하지 마라. 생각해보라. 무엇이 필요한가? 우리에게 없는 것은 무엇인가? 다른 사람들이 이해할 수 있도록 비전을 서술하라.

3 **필요한 디지털 플랫폼은 무엇이며, 생태계와 어떻게 연결되는가?** 애자일과 매일의 개선 그리고 가변적 가격 등이 보장되도록 설계해야 한다. 디지털 기술에 대한 전문지식을 비(非)기술 도메인 전문가와 결합하는 팀이 이 질문에 답해야 한다. 이 질문과

이전 질문에 대한 대답은 반복적일 가능성이 높다. 당신이 만들려는 것을 방해하는 것은 무엇인가?

4 **수익 모델은 효과가 있을까?** 가격 인하와 동시에 주주 가치를 창출하면서 고객을 위해 지속적으로 혁신할 수 있는 수익 모델을 구독하고 있는가? 당신의 모델은 수익 증대의 법칙과 현금 총마진 발생을 반영하는가?

5 **자금 투자자는 누구인가?** 대부분의 경우 자금이 필요할 것이다. 현재 사업자들은 법률상 가변적 가격 책정이나 반독점 방침을 정하여 나중에 해결(마이크로소프트가 컴퓨터 운영체제를 장악하고 있다고 생각)하는 등 당신이 발판을 마련하지 못하도록 모든 조치를 취할 것이다. 일부 자금 투자자들은 적정한 수준에서 진입하기 위해 엄청난 돈을 계획하고 투자할 것이다. 그들은 그것을 비용이 아닌 투자로 본다(무료 모바일 서비스를 제공함으로써 '투자').

6 **그것을 실현하려면 어떤 사람들과 어떤 리더가 필요한가?** 그들은 어떻게 협력할 것인가? 팀들이 전체 소비자 관련 임무와 연계된 하나의 과제에 함께 배치되고 집중할 것인가? 대부분의 결정을 한 단계의 승인으로 줄일 수 있는 곳은 어디인가? 조직 전체의 투명성을 지원하는 디지털 플랫폼을 보유하고 있는가?

7 **엔드투엔드 고객 경험의 기존 비전을 지속적으로 실험, 학습 및 개선하거나 고객 경험의 새로운 비전을 상상할 수 있는 피드백 루프는 무엇인가?** 알고리즘과 AI를 통해 지속적인 실험과 학습을 함으로써 고정되지 않고 역동적인 전략을 실행하라. 이는 특히 새로운 수익 흐름을 창출하고 기하급수적인 확장을 촉진할 수 있다.

전략적 이니셔티브를 위한 다음 단계를 계획하고 팀을 만들더라도, 현재 기술이 할 수 있는 것과 병행하여 소비자에게 집중할 수 있다. 데이터의 흐름을 유지하고 통찰력을 검색하며 창의적 사고를 자극하라. 그런 다음 다시 질문들을 반복하라. 이렇게 하면 경쟁우위를 선점하고 장기적으로 비즈니스 관련성을 유지할 수 있다.

주

1장. 디지털 거대 기업들이 이기는 이유

22p 한 미디어 분석가는 이렇게 말했다: Alex Sherman, "How the Epic 'Lord of the Rings' Deal Explains Am\-azon's Slow-Burning Media Strategy," CNBC.com, March 8, 2019, https://www.cnbc.com/2019/03/08/amazon-prime-video-feature.html.

3장. 10배, 100배, 1000배의 시장

64p "~를 결정해야 할 때": Brad Stone, *The Everything Store: Jeff Bezos and the Age of Amazon* (New York: Little, Brown, 2013), 273.

64p 1990년대 까지만 해도: 같은 책.

66p "우리가 기술로 구현하는~": Microsoft website, https://news.microsoft.com/transform/starbucks-turns-to-technology-to-brew-up-a-more-personal-connection-with-its-customers.

80p 인도의 전자상거래 매출액은: India Brand Eq\-uity Foundation,

"E-commerce Industry in India," updated January 2020, https://www.ibef.org/industry/ecommerce.aspx.

4장. 디지털 플랫폼 중심의 비즈니스

90p "페이지 랭크는 ~": An excellent source for a nontechnical explanation of PageRank and other basic algorithms is John MacCormick, *Nine Algorithms That Changed the Future: The Ingenious Ideas That Drive Today's Computers* (Princeton, N.J.: Princeton University Press, 2012).

90p 구글은 ~ 개선되었다고 발표했다: Rob Copeland, "Google Lifts Veil, a Little, into Secretive Search Algo-rithm Changes," *The Wall Street Journal*, October 25, 2019.

91p ~를 생각해내라고 요청했다: Brad Stone, *The Everything Store: Jeff Bezos and the Age of Amazon* (New York: Little, Brown, 2013), 51.

91p 성장해나갈 씨앗: 같은 책.

92p 크게 못미쳤다: Per Internet Retailer via Ap-plico.

92p 크게 뒤지기는 했지만: Sarah Perez, "Walmart Passes Apple to Become No. 3 Online Retailer in U.S.," *Tech-Crunch*, November 16, 2018.

98p 그 변형 모델로 Daas가 있다: Matthew Ball, "Disney as a Service: Why Disney Is Closer Than Ever to Walt's 60 Year Old Vision," *REDEF ORIGINAL*, May 10, 2016.

99p 유지할 수 있는 방식이다: "Gartner Says Worldwide IaaS Public Cloud Services Market Grew 31.3% in 2018," Gartner, Inc., press release, Stamford, Conn., July 29, 2019.

101p 데이터 및 기술 요구사항이: Arthur Yeung and Dave Ulrich, *Reinventing the Organization* (Boston: Har\-vard Business Review Press, 2019), 104.

105p ~ 기초가 된 개념이다: Ming Zeng, "Alibaba and the Future of Business," *Harvard Business Review*, September–October 2018.

5장. 가치 창출 생태계

119p 허니웰과 빅피니트: "Honeywell, Bigfinite Collab\-orate to Drive Digital Transformation," Contract\-pharma.com, February 2, 2020.

121p 골드만삭스는 ~ 착수했다: Laura Noonan, "Gold\-man Sachs in Talks with Amazon to Offer Small Business Loans," *Financial Times*, February 3, 2020.

134p 〈로이터통신〉이 보도한 바와 같이: Heather Somerville and Paul Lienert, "Inside SoftBank's Push to Rule the Road," Reuters, April 13, 2019.

135p 애플은 ~를 형성하고 있으며: Morgan Stanley's research re\-port, *Apple, Inc., Don't Underestimate Apple's Move into Healthcare*, April 8, 2019, is the source for much of the specific data used throughout this section.

138p 디브야 나그: Maya Ajmera, "Conversations with Maya: Divya Nag," *Science News*, September 13, 2018.

6장. 디지털 시대에 맞는 수익 구조

155~156p 갑자기 ~가 생겨나고 있습니다: Ian Thibodeau, "Del\-phi to Split into Aptiv and Delphi Tech," *The Detroit News*, September 27, 2017.

158p 〈뉴욕타임스〉 헤드라인은: Karen Weise, "Amazon's Profit Falls Sharply as Company Buys Growth," *The New York Times*, October 24, 2019.

167p 리드 헤이스팅스는 2019년: Alex Sherman, "Netflix CEO Reed Hastings Says Subscriber Numbers Aren't the Right Metric to Track Competition," CNBC.com, November 6, 2019.

169p ~ 기업을 선택한다: Liza Lin and Julie Steinberg, "How China's Tencent Uses Deals to Crowd Out Tech Rivals," *The Wall Street Journal*, May 15, 2018.

7장. 복잡한 조직 대신 팀 중심으로

177p ~ 등이 필요하다: For more on Amazon's in\-ternal operations, see my book (co-authored with Julia Yang), *The Amazon Management System: The Ulti\-mate Digital Business Engine That Creates Extraordi\-nary Value for Both Customers and Shareholders* (Washington, D.C.: Ideapress Publishing, 2019).

197p "팀이 업무를 수행하면서": Ron Miller, "How AWS Came to Be," *TechCrunch*, July 2, 2016, https://techcrunch.com/2016/07/02/andy-jassys-brief-history-of-the-genesis-of-aws/.

9장. 경쟁우위 다시 생각하기

233p 고객들이 상점을 원하지 않는다면: FactSet CallStreet tran\-script of Walmart, Inc., Barclays Gaming, Lodging, Leisure, Restaurant & Food Retail Conference, De\-cember 4, 2019.

233p 브렛 비그스는 다음과 같이 덧붙였다: FactSet CallStreet transcript of Walmart, Inc., UBS Global Consumer & Retail Con\-ference, March 5, 2020.

233p 비그스는~: 같은 책.

찾아보기

ㄱ

가격 격차price gap　74-75

가민Garmin　137

가변적인 가격책정dynamic pricing　95

가치 창출value-creating　8, 64, 100, 115, 133

가트너Gartner, Inc.　99

개인화된 소비자 경험personalized consumer experience　41, 54

건강 보험health insurance　96-97

게리 마틴 플리킨저Martin-Flickinger, Gerri　66

게리 하멜Hamel, Gary　45, 70

경쟁우위Competitive Advantage　7-11, 18-19, 23, 32, 41-45, 52, 59, 64, 68, 80 84, 90, 93, 102, 114, 117-118, 132-133, 148, 150, 162, 168-169, 173, 185, 205, 213, 226, 229, 230, 233-234

경쟁 전략Competitive Strategy (Porter)　45

골드만삭스Goldman Sachs　121

광고advertising　50

구글Google　6-7, 24-25, 87, 89-90, 94, 99, 106, 120, 122, 125, 127, 167, 183, 188, 198, 232

구글맵Google Maps　94

구글 오픈소스Google Open Source　94

구글 지메일Google Gmail　94

구글에서 검색Google Search　120

그랩Grab　125, 134

그레고리 크나우스Knauss, Gregory　139

글로벌 파이낸스Global Finance　87

글렌 드 보스De Vos, Glen　55

기업공개initial public offering(IPO)　149

기존 경계 허용boundaries, acceptance of existing　50

기하급수적인 성장exponential growth　8, 27, 29, 41, 54, 62, 84, 96, 222

ㄴ

나이키Nike　47

내부수익률internal rate of return(IRR)　157

네이슨 크론Crone, Nathan　139

넷플릭스Netflix　9-10, 17-32, 39, 47-48, 50, 53, 72, 77, 91, 151-152, 161, 165-167, 183, 199-200, 210, 221-222

노드스트롬Nordstrom　168

노키아Nokia　126

뉴욕대학교 랭원 의료센터NYU Langone Medical Center　139

〈뉴욕타임스〉New York Times, The　158

니먼 마커스Neiman Marcus　41

닛산Nissan　122

ㄷ

다임러Daimler 125-126, 128, 221
단기적 사고short-term thinking 48
달러쉐이브 클럽Dollar Shave Club 23
대량생산과 시장mass production and markets 51
대출loans 86, 97, 105, 120
더그 맥밀런McMillon, Doug 47, 58, 79, 92, 209, 231
데이브 울리치Ulrich, Dave 100
데이터 분산data breaches 136
델파이 테크놀로지Delphi Technologies 155
도그dog 48
동시 대화simultaneous dialogue 175, 204
디디추싱Didi Chuxing 97, 123, 125, 127-128, 134, 164
디브야 나그Nag, Divya 138
디즈니플러스Disney+ 10, 22, 77, 92, 165-166, 212-214, 221
디지털 플랫폼digital platforms 20, 26, 28, 75, 80, 83-89, 91-93, 101, 103, 107, 109-110, 112, 113-114, 129, 130-131, 134, 151, 159, 165, 169, 174-175, 212, 214, 223, 239, 240

ㄹ

라즈 굽타Gupta, Raj 230, 236
라즐로 복Bock, Laszlo 198
라쿠텐Rakuten 56

래리 보시디Bossidy, Larry   199, 235

래리 페이지Page, Larry   7, 89, 198, 209

램 수브라마니안Subramanian, Ram   188, 235

레노버Lenovo   94

로라 누난Noonan, Laura   121

로버트 그린블랫Greenblatt, Robert   21

로빈 리Li, Robin   132

로이터Reuters   133

로하스 아메리카나스Lojas Americanas   58, 107-110, 113

론 밀러Miller, Ron   197

롭 코플랜드Copeland, Rob   90

루카스필름Lucasfilm Ltd.   211

루퍼트 머독Murdoch, Rupert   210, 212

르노Renault   118

리드 헤이스팅스Hastings, Reed   9, 18, 30, 48, 153, 165, 167, 221

리즈 와이즈만Wiseman   193

리프트Lyft   39, 46, 58, 94, 97, 118, 123, 125, 127, 164

릴라이언스 인더스트리스Reliance Industries   58, 78-79

링크트인LinkedIn   94

■

마블 엔터테인먼트Marvel Entertainment   211

마윈Ma, Jack   83, 132, 142

마이크로소프트Microsoft   23, 60-61, 73, 118, 125, 127, 140, 189, 209, 232, 240

249

마이클 포터Porter, Michael   45

마켓스페이스market space   76, 78

마크 로레Lore, Marc   92

마크 저커버그Zuckerberg, Mark   7, 41, 107, 209

마힌드라Mahindra   125

매튜 볼Ball, Matthew   98

맷 라이언Ryan, Matt   65

머신 러닝machine learning   80, 89, 90, 94, 102, 105, 135

메르세데스Mercedes   126

메이시스Macy's   23, 85

메이오 클리닉Mayo Clinic   140

맥킨지McKinsey & Company   45, 71

모넷 테크놀로지Monet Technologies   134

모니쉬 쿠마르Kumar, Monish   192, 236

모드클로스ModCloth   232

모빌아이Mobileye   122

무바달라 투자 회사Mubadala Investment Company   148

미구엘 구티에레즈Gutierrez, Miguel   109, 235

미국 법무부Justice Department, U.S. Department of   21

미쓰비시Mitsubishi   122

ㅂ

바이두Baidu   127-128, 132

반스앤드노블Barnes & Noble   75

밥 아이거Iger Bob   165, 210, 212-214, 219, 221-214

밥 차펙Chapek, Bob   221

백화점 체인department store chains   85

뱀테크BAMTech   212

뱅크오브아메리카Bank of America   87

버라이즌Verizon   166-167, 214

버트Bidirectional Encoder Representations from Transformers   90

베스트바이Best Buy   23, 60

베이즈 정리Bayes' theorem   89

베인앤컴퍼니Bain & Company   45

보고하는 매트릭스 구조matrix reporting structures   176

보노보스Bonobos   232

보스턴컨설팅그룹Boston Consulting Group (BCG)   65, 192

보홀Vauxhall   126

볼보Volvo   118

봄바스 Bombas   76

브라이언 아서Arthur, W. Brian   27

브라질Brazil   24, 58, 79, 108-110

브래드 스톤Stone, Brad   90

브랜드brand   7, 30, 34, 42, 45, 47, 62, 68, 76, 109, 124, 163, 212, 219, 225, 232

브렛 비그스Biggs, Brett   233

브로드밴드broadband technology   18-19, 30

브리검앤드위민스 병원Brigham and Women's Hospital   140

블록버스터Blockbuster   19

비디오 스트리밍video streaming   10, 23, 77, 165-166, 210-211

251

비용 구조cost structure   147, 159

비용 비율expense ratio   160

비전 펀드Vision Fund   79, 124, 132-133, 148-149

빅바자르 하이퍼마켓 체인Big Bazaar hypermarket chain   69

빅피니트Bigfinite   119

빌 게이츠Gates, Bill   55-56, 198

ㅅ

사기 탐지fraud detection   89

사업 계획business plans   49, 156

사티아 나델라Nadella, Satya   60, 209

삼성Samsung   137

샘 월튼Walton, Sam   66, 233

생태계ecosystems   8, 26-27, 29-30, 41, 51, 71, 76, 94, 100, 102-104, 106, 114, 117, 118-121, 124-138, 140-142, 152, 157, 168-169, 173, 214, 216, 220, 221-222, 229-230, 238-239

샵러너ShopRunner   102

서브마리노Submarino   108

서비스 약관terms-of-service agreements   105

선발업체 우위first mover advantage   24

세르게이 브린Brin, Sergey   89, 198

세쿼이아Sequoia   149

소비자 경험consumer experience   8, 29, 32, 47, 50, 57, 59, 62-64, 67-68, 70-72, 76, 84, 94, 96, 120, 156, 182, 230-231, 239

소비자의 개인 정보consumer privacy   135-136

소셜 엔진social engines   41, 172-173, 177, 196, 198, 205, 214, 223, 232

소셜미디어social media   59, 118, 217

소프트뱅크SoftBank Group   20, 124, 128, 132-134, 148-149

손정의Son, Masayoshi   132-134

솔드바이아마존Sold by Amazon   95

쇼피파이Shopify   86, 93

숍타임Shoptime   108

수레쉬 쿠마르Kumar, Suresh   232

수익 감소diminishing retur   28

수직적 통합vertical integration   72

수평적 통합horizontal integration   72

쉰들러Schindler   103

스크럼 마스터scrum masters   190

스타stars   47

스타벅스Starbucks   65-66

스탠퍼드대학교Stanford University   112, 138-139

스티브 잡스Jobs, Steve   41, 68, 198, 211

스티븐 스필버그Spielberg, Steven   17, 22

스포티파이Spotify   44

슬랙Slack   149

승자독식winner takes all   24

승차 공유 회사ride-sharing companies   164

시밀래리티즈Similarities   91

시장점유율market share   23, 45, 47-48, 62, 99, 121, 131, 168, 185

씨어리Theory brand 68

스템셀 테라노스틱스Stem Cell Theranostics 138

ㅇ

애나 사이칼리Saicali, Anna 109, 215, 235

아마존Amazon 6-7, 10, 21-26, 28, 32, 39, 43, 50, 56-58, 63, 73, 75, 77-79, 85, 87, 90-92, 95-100, 103, 107, 114, 118-121, 125, 132, 137, 140, 142, 148, 150-152, 156, 158-169, 161-162, 167, 174, 183, 186, 189, 196, 199, 224, 232, 234

아마존 렌딩Amazon Lending 120

아마존 마켓플레이스Amazon Marketplace 119-120, 162

아마존 알렉사Amazon Alexa 118, 120, 162

아마존 웹 서비스Amazon Web Services(AWS) 99, 120, 159, 162, 197

《아마존, 세상의 모든 것을 팝니다》Everything Store, The (Stone) 91

아메리카나스닷컴Americanas.com 108-109

아서 영Yeung, Arthur 100

아우디Audi 118, 125-126

아이디어이즈Ideais 112

아이팟iPod 135

아이폰iPhone 117, 135, 138, 162, 175

아크로벳 리더Acrobat Reader 97

아폴로Apollo 127

안드로이드Android 127

알고리드미아Algorithmia 91

알고리즘algorithms 6-7, 10, 18, 20, 26, 30, 31-33, 41, 51, 56-57, 71, 74, 80,

254

83-84, 86, 88-92, 96-97, 100, 102-103, 105-106, 123, 130, 138-139, 142, 153, 159, 161, 175, 203, 217-218, 224, 238, 241

알리바바Alibaba　6, 24-25, 56, 78, 83-84, 86-87, 99, 100-102 104-105, 118, 132, 134, 142, 149, 156, 167

알리페이Alipay　84, 100

알파벳Alphabet　63, 137

암젠Amgen　137

암호화 기술encryption technology　106

암홀딩스Arm Holdings　133

야나이 다다시Yanai, Tadashi　69, 236

애드매틱Admatic　112

애자일 구현agile development　190

애자일크래프트AgileCraft　189

애트나Aetna　96, 139

애플Apple　10, 21-22, 26, 32, 47, 65, 68, 72, 77, 103-104, 106, 117, 125, 135-140, 152, 162, 165, 167, 175

애플 TV플러스Apple TV+　165

애플 리서치키트Apple ResearchKit　138

애플워치Apple Watch　103, 135, 138-139

애플 페이Apple Pay　23

애플 헬스키트Apple HealthKit　138

앤디 재시Jassy, Andy　99, 197

앤트파이낸셜Ant Financial　100, 105

앨런 조지 래플리Lafley, A. G.　71

앱티브Aptiv　155, 230

어도비Adobe System 73, 98, 156, 161

어웨이Away 76-77, 85

얼굴 인식facial recognition 107

얼라이드시그널AlliedSignal 199

에릭 슈미트Schmidt, Eric 198

에어비앤비Airbnb 39, 46, 94, 148

엔드투엔드 소비자 경험end-to-end consumer experience 25, 39, 44, 47, 50, 68, 73, 76, 84, 94, 136, 182, 215, 238-239, 241

엔비디아Nvidia 124

엣지 컴퓨팅edge computing 231

오펠Opel 124

올라Ola 125, 134

우버Uber 26, 39, 44, 46, 58, 94, 97, 123, 125, 127, 133-134, 148-149, 153, 159, 163-164

운영비operating expensed (opex) 157-158

워너미디어WarnerMedia 10, 21-22, 27, 32, 47, 77, 105

원마켓OneMarket 168

월마트Walmart 10, 23-24, 47, 56, 58, 66, 69, 77, 79, 85-86, 92, 114, 149, 152, 159, 209, 230-234

월마트닷컴Walmart.com 92

〈월스트리트 저널〉Wall Street Journal, The 90

웨스트필드Westfield Corporation 167, 210

웨이모Waymo 122-123, 127

웨이보Weibo 118

위워크WeWork 133, 149

위챗WeChat 51

유나이티드헬스UnitedHealth 139

유니레버Unilever 43

유니베일로담코Unibail-Rodamco SE 167

유니컨설트Uniconsult 112

유니콘의 지위unicorn status 132

유니클로Uniqlo brand 68

유동성 함정liquidity trap 155

유럽연합European Union 106

〈유로머니〉Euromoney 87

유통 시스템distribution systems 44, 123

유통의 규모scale of distribution 43

유튜브YouTube 19

음성 인식speech recognition 89, 118

의료 생태계healthcare ecosystem 103-104, 106, 135-137, 140

의사 결정decision-making 9, 28, 57, 62, 67, 69, 84, 102, 113, 129, 153, 160, 174-175, 177, 183, 218

이베이eBay 100

이스마트E-smart 112

이탈률churn rate 161

인공 지능artificial intelligence(AI) 26, 61, 65, 74, 80, 89, 112-113, 122, 127

인도India 24, 26, 58, 69, 72, 78-50, 88, 129, 233

인스타그램Istagram 44, 112

인터넷Internet 26, 51, 56, 64, 66, 73, 77, 83, 86, 89, 92, 106, 127, 169

인텔Intel 122, 128

일론 머스크Musk, Elon   122

ㅈ

자동차 산업automobile industry   46, 125-126, 134

자본 지출(자본 비용)capital expenditures (capex)   157

자본 투자capital investment   26, 42, 109, 156

자율주행 자동차autonomous (self-driving) vehicles (Avs)   122

전기차electric cars   122

전통 기업traditional companies   6, 8-11, 18, 30, 32, 34, 40, 74, 205

점진주의incrementalism   48

제너럴일렉트릭General Electric   50, 94, 103, 125

제프 베이조스Bezos, Jeff   7, 57, 63-64, 91, 119, 132, 150, 152-153, 174, 186, 196-197, 199

제프 윌크Wilke, Jeff   174, 179

제3자 판매자third-party sellers   92, 97, 99, 111, 151, 232

젯닷컴Jet.com   24, 47, 86, 92, 232-233

조직 계층organizational layers   34, 160, 176

《조직 재창조하기》Reinventing the Organization   100

존 맥코믹MacCormick, John   90, 236

존 퍼너Furner, John   232

주당순이익earning per share(EPS)   20-21, 29, 48, 147, 150, 158, 165, 210, 213, 221, 225

중국China   51, 123, 127-128, 134, 168

지라 얼라인Jira Align   189

지오Jio   72, 78

지오마트JioMart 59, 78

짐 크레이머Cramer, Jim 136

ㅊ

차이냐오Cainiao 101

창발적 리더십emergent leadership 199

철강steel industry 42

최소한의 실행 가능한 제품minumum viable product(MVP) 103

ㅋ

카를로스 알베르토 시쿠피라Sicupira, Carlos Alberto 109, 235

캐런 쇼트Short, Karen 233

캐스퍼Casper 77, 85

캐시 머피Murphy, Kathy 175, 178, 215, 235

캐시카우cash cows 47

컴캐스트Comcast 19

케빈 메이어Mayer, Kevin 212

케빈 클라크Clark, Kevin 230

케임브리지 애널리티카Cambridge Analytica 107

코로나 팬데믹coronavirus pandemic 9-10

코카콜라Coca-Cola 49

크라이슬러Chrysler Corporation 44, 125

크루즈 오토메이션Cruise Automation 123, 125, 128

크리슈나 수딘드라Sudheendra, Krishna   87

크리스 주크Zook, Chris   70

키쇼르 비야니Biyani, Kishore   69

킨들Kindle   162

킴벌리클라크Kimberley-Clark   43

E

타이거 글로벌Tiger Global   111

타이거 펀드Tiger Fund   149

타임워너Time Warner   21

터너브로드캐스팅Turner Broadcasting   21

테드 레빗Levitt, Ted   123

테슬라Tesla   122-123

〈테크크런치〉TechCrunch   97

텐서플로TensorFlow   94

텐센트Tencent   24, 51, 56, 87, 149, 168

토머스 베이즈Bayes, Thomas   89

토요타Toyota   121, 125, 134

투심플TuSimple   123

투자 수익률return on investment   157

트위터Twitter   22, 63

특허patents   7, 42, 45, 122

티몰Tmall   84, 100, 118

티몰 글로벌Tmall Global   100

티몰 지니 오토Tmall Genie Auto 118
팀 쿡Cook, Tim 22, 104, 136

ㅍ

파산bankruptcy 41
〈파이낸셜 타임스〉Financial Times 121
판탈룬Pantaloons 69
패스트리테일링Fast Retailing 69
패트릭 사우어Sauer, Patrick 19
펀딩과 자금투자자funding and funders 165
페이스북Facebook 6-7, 24, 63-64, 107, 188
페이지랭크PageRank 89-90
페이팔PayPal 23, 94
펩시Pepsi 49
포드Ford Motor Company 44, 46, 51, 121, 125-126, 220-221
폭스바겐Volkswagen 125, 128
푸조Peugeot 122, 125
퓨쳐그룹Future Group 69
프랭크 로이Lowy, Frank 167, 210
프록터앤드갬블Procter&Gamble 43
플립카트Flipkart 24, 58, 79, 133, 149, 233
피델리티 웰스 매니지먼트Fidelity Wealth Management 160
피델리티 제로Fidelity ZERO 186
피델리티 퍼스널 인베스팅Fidelity Personal Investing(PI) 67, 107, 174-175, 177-196,

261

201, 203, 205
피유쉬 굽타Gupta, Piyush　86
피콕Peacock　165
픽사Pixar　211
필팩Pillpack　96

ㅎ

하버드Harvard University　112
해리스 면도기Harry's razors　76-77, 85
해킹hacking　106
핵심 역량core competencies　23, 45-47, 57, 69, 70, 197
허니웰Honeywell　119, 230
헤르츠Hertz　46
호텔업계hotel industry　46
혼다Honda　118, 125, 128, 134
혼합현실mixed reality　61
훌루Hulu　19, 21-22, 47, 86, 165, 212, 219
휴대폰mobile phones　26, 78, 108, 117, 152

A-Z

21세기 폭스Twenty-First Century Fox　21, 210, 212
23앤드미23andMe　138
AME　113

티몰 지니 오토Tmall Genie Auto   118
팀 쿡Cook, Tim   22, 104, 136

ㅍ

파산bankruptcy   41
〈파이낸셜 타임스〉Financial Times   121
판탈룬Pantaloons   69
패스트리테일링Fast Retailing   69
패트릭 사우어Sauer, Patrick   19
펀딩과 자금투자자funding and funders   165
페이스북Facebook   6-7, 24, 63-64, 107, 188
페이지랭크PageRank   89-90
페이팔PayPal   23, 94
펩시Pepsi   49
포드Ford Motor Company   44, 46, 51, 121, 125-126, 220-221
폭스바겐Volkswagen   125, 128
푸조Peugeot   122, 125
퓨쳐그룹Future Group   69
프랭크 로이Lowy, Frank   167, 210
프록터앤드갬블Procter&Gamble   43
플립카트Flipkart   24, 58, 79, 133, 149, 233
피델리티 웰스 매니지먼트Fidelity Wealth Management   160
피델리티 제로Fidelity ZERO   186
피델리티 퍼스널 인베스팅Fidelity Personal Investing(PI)   67, 107, 174-175, 177-196,

261

201, 203, 205
피유쉬 굽타Gupta, Piyush　86
피콕Peacock　165
픽사Pixar　211
필팩Pillpack　96

ㅎ

하버드Harvard University　112
해리스 면도기Harry's razors　76-77, 85
해킹hacking　106
핵심 역량core competencies　23, 45-47, 57, 69, 70, 197
허니웰Honeywell　119, 230
헤르츠Hertz　46
호텔업계hotel industry　46
혼다Honda　118, 125, 128, 134
혼합현실mixed reality　61
훌루Hulu　19, 21-22, 47, 86, 165, 212, 219
휴대폰mobile phones　26, 78, 108, 117, 152

A-Z

21세기 폭스Twenty-First Century Fox　21, 210, 212
23앤드미23andMe　138
AME　113

AT&T   10, 21

B2W   24, 32, 58, 107-114, 156, 215, 224

BAIC   128

BMW   118, 122, 125-126, 221

DBS   86-87

FDA   139

G&A   157, 159

GM   44, 46, 51, 121-122, 124-125, 128, 133-134

HBO   21-22, 77, 165, 212

HBO 나우   212

HBO 맥스   10

IBM   98-99, 140

〈INC〉   19

J.C 크루   41

JC. 페니   41

KPN   51

MBA 프로그램   45

MIT   90, 112, 203

NBC   10, 19, 21

NBC 유니버셜   27, 165

P.C. 리처드   60

SWOT   49

UPS   123

UST   129-132

VHS   19

이은경

광운대학교 영문과를 졸업했으며 저작권 에이전시에서 에이전트로 근무했다. 현재 전문 번역가로 활동 중이다. 주요 역서로는 《애자일 경영 교과서》, 《실리콘밸리 디자인의 역사》, 《멘사퍼즐 시리즈》, 《DK 체스 바이블》, 《수학 올림피아드의 천재들》, 《왜 이유 없이 계속 아플까》 등이 있다.

새로운 경쟁우위를 찾아라

초판 1쇄 발행 2021년 8월 16일
개정판 1쇄 발행 2025년 9월 26일

지은이 램 차란, 게리 윌리건
옮긴이 이은경
펴낸이 이범상
펴낸곳 (주)비전비엔피 · 비전코리아

기획편집 차재호 김승희 김혜경 한윤지 박성아
디자인 김혜림 이민선 인주영
마케팅 이성호 이병준 문세희 이유빈
전자책 김희정 안상희 김낙기
관리 이다정

주소 우 04034 서울시 마포구 잔다리로7길 12 (서교동)
전화 02)338-2411 **팩스** 02)338-2413
홈페이지 www.visionbp.co.kr
인스타그램 www.instagram.com/visionbnp
포스트 post.naver.com/visioncorea
이메일 visioncorea@naver.com
원고투고 editor@visionbp.co.kr

등록번호 제313-2005-224호

ISBN 978-89-6322-230-1 03320

• 값은 뒤표지에 있습니다.
• 파본이나 잘못된 책은 구입처에서 교환해 드립니다.

도서에 대한 소식과 콘텐츠를 받아보고 싶으신가요?